지구별을
사랑하는 방법
100

김나나 지음

매일 하나씩!
어렵지 않게
실천하는
에코 라이프

나와 내 가족과 지구에 사는 모든 생명체를 위한 착한 행동

앤의
서재

내가 하는 모든 행동이,
곧 지구를 살리는 일

내가 처음 환경을 생각하게 된 것은, 운명처럼 다가온 하나의 사건 때문이다. 화학을 전공하고 화학연구소에서 연구원으로 일하던 시절, 나는 사랑하는 사람을 만나 가정을 이루었다. 평범할 수 있었던 삶은 둘째아이를 낳으면서 완전히 나락으로 떨어졌다. 생후 1개월부터 아이의 얼굴이 빨개지더니, 심지어 갈라지고 진물이 샘솟듯 뿜어져 나왔다. 아토피성 피부염이었다.

얼굴부터 시작된 질환은 목으로, 가슴으로, 나중에는 전신으로 퍼졌다. 아이는 밤마다 미친 듯이 울어댔고 나 역시 서서히 미쳐갔다. 무엇을 해도 아이가 나을 것 같지 않았다. 그럼에도 나는 아이를 위해 무슨 짓이든 했다. 그러던 어느 날 유독 세탁한 옷만 입히면 아이가 울어대며 옷을 쥐어뜯는 것을 발견했다. 옷을 벗겨 보았더니, 솔기 부분에 미처 떨어져 나가지 않은 세탁세제의 찌꺼기가 있는 것이 아닌가. 심지어 세제가 툭 하고 떨어지기도 했다.

그때 깨달았다. 내가 사용한 세제가 아이를 힘들게 했을 수도 있겠다는 것을. 그럼 세제만 아이를 힘들게 했을까. 곰곰이 일상을 들여다보았다. 내가 그동안 얼마나 많은 화학물질을 사용하고 있었는지. 내가 살고 있는 집에 화학물질은 얼마나 많은지.

내가 살던 아파트는 새로 지은 곳이라 무척 깨끗했다. 하지만 항상 눈이 맵고 코가 간질거렸으며, 재채기가 나고 목도 칼칼했다. 이는 폼알데하이드라는 화학물질 때문에 발생하는 현상이다. 옷장 문을 열면 나던 폼알데하이드 특유의 냄새, 왜난 그걸 목재 냄새라고 착각했을까. 침대 매트리스와 시트 이불을 구성하는 합성섬유, 이것도 석유화합물 아닌가.

내가 딛고 다니는 바닥재를 고정하기 위해 사용된 접착제, 벽을 둘러싸고 있는 실크 벽지를 붙이기 위해 사용된 접착제. 이 접착체에도 폼알데하이드가 포함되어 있다. 폼알데하이드는 자극성이 강한 냄새를 띤 기체상의 화학물질로, 새집증후군의 주범이자 호흡곤란, 두통, 목구멍 작열감과 천식 증상을 악화시킨다. 체중 1kg당 0.05g을 섭취했을 때, 심한 경우 독성폐기종으로 사망할 수 있는 제1급 발암물질이다.

그뿐인가, 주방에서 사용하는 온갖 플라스틱 용품들. 플라스틱 특유의 냄새라고 치부하지만 사실 그 속에서도 화학물질이 뿜어져 나온다. 원래 플라스틱은 딱딱한 재질로 되어 있어 우리가 사용하는 모습으로 변형하려면 가소제라는 화학물질을 써야 한다. 대부분 가소제에 프탈레이트와 비스페놀과 같은 화학물질이 사용된다. 이 화학물질이 몸에 들어오면 우리 몸은 여성호르몬으로 오인한다. 그래서 이런 화학물질을 유사여성호르몬 또는 환경호르몬이라고 부른다. 환경호르몬은 우리 몸에서 나오는 내분비계를 교란시키는데, 비만과 당뇨의 원인이 되고 피부질환 및 호흡기질환을 유발한다. 또 100종이 넘는 암을 발생시키며, 치매를 유발하고, 불임 가능성도 높인다.

집을 깨끗하게 하기 위해 사용하는 각종 세제들도 살펴보자. 설거지를 위해 사용하는 주방세제, 옷을 빨기 위해 사용하는 세탁세제, 정전기 방지를 위해 사용하는 섬유유연제, 옷의 냄새를 없애는 섬유탈취제, 곰팡이를 없애는 곰팡이제거제 등에는 과연 화학물질이 없을까? 이런 세제는 적어도 10여종의 화학물질로 구성된다.

우리의 몸을 닦거나 치장하기 위해 사용하는 용품들도 마찬가지이다. 머리를 감는 샴푸, 린스, 헤어트리트먼트, 헤어에센스, 그리고 스킨, 로션, 에센스, 크림 등의 기초 화장품, 피부톤 개선을 위해 사용하는 선크림, 비비크림 등은 10여종에서 많게는 30여종이 넘는 화합물로 구성되어 있다.

이렇게 많은 화학물질에 둘러싸여 있다는 것을 깨달은 나는, 가장 먼저 주방세제와 세탁세제를 만들어 사용하기 시작했다. 분해가 잘되는 세제를 만들어 사용하면 아이 피부가 예전처럼 반응하지 않을 수 있을 거라 생각했기 때문이다. 실제로 사용해보니 생각보다 세척력도 좋았고, 아이의 피부 역시 점점 좋아졌다. 그러면서 일상의 제품들을 하나하나 바꿔가기 시작했다.

생활용품을 구성하는 원료들을 찾아보고, 관련된 책도 읽고 공부를 하면서 많은 것을 알게 되었다. 우리가 알게 모르게 사용한 세제들로 인해 버려지는 오폐수가 상당히 많았고, 그 오폐수로 인해 하천이 오염되었으며, 그 오염된 물을 다시 우리가 먹고 있었다. 결국 친환경 생활을 한다는 것은 나만을 위한 일이 아닌, 나의 가족, 내 이웃, 내 지역, 나아가 이 지구를 위한 일이었다.

나는 마음이 맞는 제자들과 환경을 위한 단체를 함께 만들었고, 현재는 환경운동가로 활동하고 있다. 아이의 아토피성 피부염을 치료하기 위해 시작했던 작은 일이, 지금은 큰일이 되었다. 이렇게 지구를 사랑하는 방법은 아주 작은 행동에서부터 시작된다.

친환경, 에코라는 말은 이제 일상에서 굉장히 쉽게 접하는 말이 되었다. 환경을 생각하는 사람들이 많아졌고, 내가 하는 행동이 과연 환경에 도움이 되는 것인가 고민하는 사람들도 많아졌다. 심지어 이윤을 남기는 기업들조차 환경에 대해 고민하고, 생분해가 잘되는 친환경 제품을 만들기 위해 노력한다. 앞으로 우리의 삶은 환경, 에코라는 말을 빼고는 살아갈 수가 없다.

이 모든 현상들은 굉장히 고무적이다. 나 자신만 생각하는 이기적인 삶이 아닌 타인과 함께하는 삶, 우리가 살고 있는 지구환경과 자연에 관심을 갖는 이타적인 삶을 살고 싶다는 희망을 반영하기 때문이다. 앞으로 이 지구별에서 살아갈 미래의 아이들에게 선한 영향력을 끼치고 싶은 마음 또한 반영된 것이다.

지구별에서 살고 있는 한, 우리 모두는 지구를 위해 아주 작은 일이라도 기여해야 한다고 생각한다. 환경운동은 대단한 사람들의 전유물이 아니다. 일상을 사는 우리가 하는 모든 활동이 환경운동이 될 수 있다. 쓰레기를 쓰레기통에 버리는 지극히 당연한 일도, 가정에서 단열을 해서 난방비를 절약하는 것도, 에너지나 물을 절약하는 것도, 모두 환경을 지키는 일이자, 지구를 위한 행동이다.

지금 이 지구를 위해 무엇인가를 실천하고 있는 당신을 위해

이 책을 썼다. 우리가 당연한 듯 빌려 쓰고 있는 이 지구별을
위해, 우리의 생활을 되돌아보고 생각해보는 시간을 가졌으
면 한다. 그동안 아무렇지 않게 행동해왔지만, 사실 그 모든
것이 지구별을 위한 행동이었다는 것을 일깨우고, 앞으로도
바른 방향으로 선한 영향력을 실천할 모든 이들에게 박수와
갈채를 보내고 싶다.

지금처럼, 앞으로도, 우리 함께, 우리가 사는 지구별을 사랑
해보자.

김선미

Contents

지구별을 사랑하는 방법

Think Up 전 세계가 이웃, 함께 동참해요!

지구별을 사랑하는 방법

Warming Up

쓰레기만 제대로 버려도 지구가 숨을 쉬어요!

'쓰레기는 쓰레기통에'가 기본!

001

매주 월요일 아침이면 나는 마트에 간다. 장을 보기 위해서가 아니라 문화센터에서 진행하는 수업을 위해서다. 일상에서 사용하는 제품에 어떤 유해물질이 들어 있는지와 유해물질에 현명하게 대처하기 위한 방법을 알려주는 환경 교육을 진행한다.

수업에 필요한 재료들이 무겁고 많아, 물건을 옮기기 위해 늘 마트에 일찍 도착해서 카트를 찾곤 한다. 그런데 정말 신기하게도 매번 빈 카트에서 쓰레기들을 발견한다. 시식할 때 사용한 종이컵부터 빨대, 사용한 휴지, 비닐봉지 등등. 때문에 늘 카트에 담긴 쓰레기를 종류별로 모아 버린 후에야 비로소 사용할 수 있다.

유치원생들도 '쓰레기는 쓰레기통에 버려야 한다'는 것을 잘 안다. 그럼에도 어쩜 수많은 쓰레기가 카트에 마구 버려져 있는 건지 도무지 이해하기가 어렵다. 심지어 곳곳에 휴지통이 비치되어 있는데 말이다. 특히 동전을 넣지 않아도 마트에서 카트를 자유롭게 이용할 수 있게 되면서 이런 일은 정말 비일비재해졌다.

환경을 위한 첫걸음, 어려운 일이 아니다. 쓰레기는 쓰레기통에 버리는 것! 이 기본적인 일이 내가 사는 지구를 위한 첫 번째 행동이다. 자, 지금부터 사랑하는 지구를 위해 쓰레기는 쓰레기통에 버리는 것으로 약속!

내용물
깨끗이 비우고
버리기

002

쓰레기 분리 배출과 재활용을 위해 가장 먼저 해야할 일은, 플라스틱 용기나 유리병 안에 들어 있는 내용물을 모두 버리고 배출하는 것이다. 가끔 아파트 분리 배출장에 가보면 내용물이 그대로 들어 있는 채로 버려진 재활용품들을 쉽게 볼 수 있다.

기억하자! 내용물이 들어 있으면 그 무엇도 재활용을 하기가 어렵다. 분리 배출의 가장 첫 단계는 용기를 깨끗이 비우고 버리는 것. 특히 고철이나 비철금속의 경우, 이물질이 섞이지 않도록 해야 한다. 맥주 캔 등의 캔류도 내용물이 남지 않도록 이물질을 제거하자. 버리기 전에 담배꽁초 같은 이물질이 들어 있지 않은지 확인해야 한다.

부탄가스, 살충제 용기 등은 가급적 통풍이 잘되는 장소에서 노즐을 누르는 등 내용물을 완전히 제거한 후 배출해야 한다. 샴푸 용기, 세제 용기, 젖병, 주방 용기, 요구르트 용기, 컵, 반찬통, 장난감, 컵라면 용기 등은 내용물을 비운 후, 물로 헹구는 등 이물질을 깨끗이 제거하여 배출한다. 종이컵도 내용물을 비우고 물로 한 번 헹군 후 압착하여, 봉투에 넣거나 한데 묶어서 배출하면 좋다.

환경을 위해서기도 하지만, 나는 평소 집에서 밥 해 먹는 것을 좋아한다. 아이들이 어릴 때부터 아토피성 피부염으로 고생을 해서 먹는 것에 신경을 쓰는 것도 있지만, 이상하게도 나는 내가 한 밥이 제일 맛있다.

음식물이 묻은
재활용품은
닦거나
헹구어 버리기

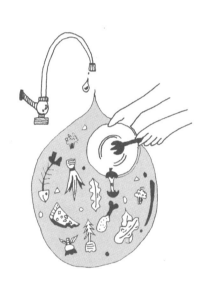

003

하지만 찌는 듯한 태양과 축축한 습도로 숨 막히는 여름이 오면 밥을 하기가 힘들어진다. 심지어 스마트폰만 터치하면 어디서든 음식이 배달되어 오는 스마트 시대 아닌가. 힘들이지 않아도 온갖 맛있는 음식이 코앞에 떡하니 놓인다. 하지만 늘 문제는 그다음이다.

요즘은 중국음식조차 그릇을 회수해가지 않으려고 스티로폼 같은 일회용품에 담겨서 온다. 이 많은 쓰레기들은 어찌하면 좋을까. 그냥 종량제 쓰레기봉투에만 올인하고 있지는 않은지…….

재활용이 가능한 재질은 생각보다 많다. 음식물은 따로 모아 놓고 재활용품은 일단 깨끗이 씻자. 음식물이 묻어 있는 상태에서 재활용은 어렵다. 과자, 라면봉지, 일회용 비닐봉지에 음식물과 이물질이 묻었다면 물로 2~3번 헹궈 잔여물을 없애고 버린다. 라면 국물이 밴 컵라면 용기도 음식물 찌꺼기를 따로 버리고, 물에 헹구면 재활용할 수 있다.

농·수·축산물 포장에 사용된 스티로폼은 내용물을 완전히 비우고 테이프나 운송장, 상표 등을 제거한 뒤 버리면 된다. 이물질 제거가 어렵다면 종량제봉투에 배출하는 것이 원칙. 음식물이 많이 묻은 스티로폼도 쪼개서 종량제봉투에 버린다.

용기에 붙은 라벨은 떼어낸 후 버리기

"사이다는 원래 투명하니까, 용기도 투명한 곳에!"

2020년부터 재활용이 어려운 유색(有色) 페트병 사용이 전면 금지되면서, 기존의 유색 페트병 대체 방안 마련으로 나온 TV 광고의 한 장면이다. 환경부는 '자원의 절약과 재활용 촉진에 관한 법률(자원재활용법)' 개정안을 2019년 8월 28일부터 40일간 입법예고했고, 2019년 12월 25일 이후 출시되는 제품은 이 법률의 시행 대상이 된다. 이에 따라 페트병은 몸체가 무색으로 바뀌고, 붙어 있는 라벨도 재활용으로 버릴 때 쉽게 제거될 수 있도록 바뀌었다. 몸체에 색이 들어가거나 라벨이 떨어지지 않는 일반접착제 사용은 금지된다.

환경부는 전체 출고량의 67%(2017년 기준)를 차지하는 먹는 샘물과 음료 페트병에 우선 적용한 뒤 정착되면 맥주 등 다른 페트병으로 확대하기로 했다. 또 포장재 사용 금지 대상에

004

포함된 제품이 개선명령 후 1년이 지난 후에도 고쳐지지 않으면, 판매 중단 또는 최대 10억 원 이하의 과징금을 부과하기로 했다. 덕분에 관련 업계는 규제 대상이 된 생수와 음료 페트병에 '친환경 입히기'에 돌입했다. 자체 포장재 개발이나 무색 페트병으로의 교체, 쉽게 라벨을 제거할 수 있는 방안 마련 등으로 분주하다.

정부와 업계가 이런 노력을 하는 이유는 단 하나! 사용 후 분리 배출이 원활하도록 하기 위함이다. 그런데 우리들은 어떤가. 아파트 분리 배출하는 곳에 가보면 페트병 분리수거함에 라벨이 붙여진 용기들로 가득하다. 페트병에 담긴 시원한 음료를 마음껏 즐겼다면 라벨은 떼어내어 비닐 보관함에, 페트병은 페트병 보관함에 분리해 버리자.

제품 하나를 사면 한 종류의 재질로 되어 있는 경우는 거의 없다. 캔 햄을 보더라도 뚜껑은 플라스틱이고 몸통은 캔이다. 따라서 따로 분리해서 배출해야 한다. 뚜껑은 플라스틱 보관함에, 몸통은 캔 보관함에! 생수병, 음료수병, 간장병과 같은 페트병은 부착상표, 부속품 등 본체와 다른 재질은 제거한 후 배출한다. 책자와 노트는 스프링과 같이 종이류와 다른 재질은 제거한 후 따로 배출한다. 상자도 테이프 등을 제거한 후 배출하자.

거울, 깨진 유리, 도자기류, 유리 식기류는 유리병류가 아니기 때문에 재활용할 수 없으므로 종량제봉투나 전용 마대에 넣어서 버린다. 다른 재질과 혼합 구성된 종이(감열지 영수증, 금박

종류별, 재질별로 구분해 버리기

005

지, 은박지, 벽지, 플라스틱 합성지, 부직포 등)는 종량제봉투에 버린다. 불투명한 주스병의 경우 밑에는 종이, 뚜껑은 플라스틱으로 되어 있는 경우가 많다. 그러므로 버리기 전에 재질이 무엇인지 꼼꼼히 잘 보아야 한다. 단, 알약 포장재와 카세트테이프 등 여러 재질이 섞여 있고 분리가 어려운 제품은 종량제봉투에 담아 버리면 된다.

알루미늄 호일의 경우, 흔히 재활용할 수 없는 일회용품이라고 생각해 일반 쓰레기봉투에 버리지만, 알루미늄은 중요한 재활용 자원이다. 쿠킹호일은 알루미늄에 속하기 때문에 캔이나 고철이라고 쓰인 수거함에 넣자. 같은 알루미늄 제품인 은박도시락, 은박접시도 마찬가지. 다 재활용이 가능하다.

언제 어디서나
내 흔적 남기지 않기

　　새해가 시작되는 첫날, 일출을 보기 위해 많은 사람들이 동해로 달려간다. 붉게 타오르는 태양을 보며 한해의 건강과 소망을 비는데, 여기저기서 사진도 찍고 환호성도 들려온다. 환하게 웃는 사람들을 보면 누구나 함께 기분도 좋아지기 마련.

그런데 문제는 바로 그다음. 그들이 빠져 나가고 나면 바닷가는 쓰레기로 뒤덮인다. 동해에 사는 주민들은 매년 새해가 되면 일주일 동안 매일 아침 3시간씩 바닷가 청소를 한다고 한다. 전날 밤에 터뜨린 폭죽, 일회용 라면 용기, 일회용 커피컵, 담뱃갑 등등 사람들이 버리고 간 쓰레기가 산더미처럼 쌓이기 때문이다.

006

지자체 주최로 바닷가에서 새해소망을 담은 풍선 날리기, 풍등 날리기 행사를 하는 곳들도 있다. 그 풍선과 풍등은 다 어디로 갈까. 결국 바다로 떨어지지 않을까? 언젠가 발에 4개의 풍선이 엉킨 채 죽어 있는 펭귄의 사진을 본 적이 있다. 전문가들은 해변이나 바다로 떨어진 풍선이 발에 엉켜, 움직임이 자유롭지 못한 펭귄이 결국 익사한 것으로 추측했다.

미국에서 발견된 야생의 새 사진도 보았다. 목 주변에 파란색 풍선과 줄이 엉켜 날지 못해 굶어 죽은 것으로 추정된다. 바다거북과 돌고래 등 야생동물도 풍선 줄에 엉키거나 잘못 삼켜 죽는 일이 잦아지고 있다. 환경단체와 동물보호단체는 동물을 보호하기 위해 풍선을 날리거나 하는 행동을 자제할 것을 당부하고 있다.

한 공연장에서 입장 시 쓰레기봉투를 나눠주고 공연이 끝난 후 자신의 쓰레기를 모두 담게 했다는 소식을 들었다. 의식 있는 수많은 팬들이 이에 동참하여 공연장에서는 쓰레기 하나 찾아볼 수 없었다고 한다. 이 세상 어떤 동물도 인간처럼 썩지 않는 흔적을 남기지 않는다. 우리가 남긴 그 흔적들로 인해 왜 다른 개체가 고통을 받아야 하는가. 어떤 장소에서든 뒤처리는 깨끗이! 우리의 흔적을 남기지 말자.

플라스틱 쓰레기
줄이기

007

　　바다 한가운데를 표류하는 플라스틱 더미를 본 적이 있는가? 일상생활에서 흔히 사용하는 플라스틱 물병, 샴푸통, 화장품 용기, 음식을 담았던 용기 등이 엉겨서 부유하는 모습 말이다. 거북이 몸속에서 플라스틱 조각이 발견되었다는 기사, 플라스틱을 먹이인 줄 알고 먹은 고래가 죽음을 맞이했다는 뉴스…… 이렇게 우리가 사용한 플라스틱이 자연환경을 훼손하고 있다.

요즘 미세플라스틱도 심각한 문제다. 몇 해 전까지 치약 연마제(치석이나 이물질이 끼지 않게 닦아내는 물질)로, 몸에 각질을 없애는 스크럽제로, 심지어 문지르면 향기가 난다는 섬유유연제의 향기캡슐로 둔갑했던 미세플라스틱. 현재 우리나라는 치약은 물론 화장품, 생활용품에 이르기까지 미세플라스틱 비즈를 사용할 수 없다. 그러나 최근에 우리가 먹는 소금, 맥주,

꿀을 비롯해 심지어 생수에서도 미세플라스틱 조각이 발견됐다.

플라스틱은 저렴하고 가볍고 편리하기 때문에 전 세계적으로 어마어마한 양이 사용되고 있다. 사용하고 난 플라스틱 쓰레기가 시간이 지나면서 마모되고 풍화과정을 거치면 점점 작은 입자로 변한다. 절대 분해는 되지 않는 상태로! 크기가 5mm보다 작은 플라스틱을 '미세플라스틱'이라고 부르는데, 한 연구에 따르면. 해수면을 떠다니는 미세플라스틱 조각이 최대 51조 개에 달한다고 한다.

미세플라스틱은 해수와 해서퇴적물, 해빙에서도 발견된다. 세지 못할 정도로 많은 미세플라스틱이 모든 바다에서 떠다니고 있다. 대부분 50μm(1mm의 1/20)보다 작고 사람 머리카락 굵기의 1/6정도 밖에 안 되는 조각들이라 물고기의 아가

미도 걸러내지 못한다. 작은 바다생물들이 무심코 쉽게 삼킬 수 있을 정도의 크기이므로 매우 위험한 일.

과연 바다생물들만 위험할까? 먹이사슬 꼭대기에 있는 우리는 괜찮을까? 물론 아니다. 바다에서 나오는 모든 것을 먹는 인간이야말로 미세플라스틱으로부터 가장 안전할 수가 없다. 그러므로 가능한 플라스틱 사용을 자제하고, 쓰레기로 배출되지 않도록 하자.

손에 비누칠 할 때 물 꼭 잠그기

고속도로 휴게소에서 다른 사람들이 손 씻는 모습을 관찰해보라. 수돗물을 틀어 손에 물을 묻히고 세정제를 누르거나 비누로 손에 거품을 낸다. 그 시간 내내 수돗물은 계속 흐르고 있다. 그러곤 한참 거품을 낸 손을 흐르는 수돗물로 헹군다. 이를 보고 있으면 가서 수도꼭지를 잠그고 싶은 마음이 굴뚝같지만, 이상한 사람 취급받을 것 같아서 꾹 참곤 한다. 정말 나는 그렇게 흘러가는 물이 무지하게 아깝다.

최근 우리나라를 비롯해 많은 나라의 공항에서 움직임을 인지하는 자동 센서로 물이 나오도록 수도꼭지를 교체했다. 수도꼭지를 바꾼 이유는 여러 가지겠지만, 나는 이 시스템이 참 마음에 든다. 아마도 수도꼭지를 만짐으로써 옮을 수 있는 세균 때문에 바꿨을 확률이 가장 크겠지만, 덕분에 손에 거품을 내는 시간에는 물이 나오지 않으니까 말이다. 센서 가까이 손

008

을 대야만 물이 흐르고 금방 잠긴다.

이렇게 아낄 수 있는 물은 얼마나 될까. 수압에 따라 다르겠으나 세게 틀었을 경우, 1리터 페트병에 수돗물을 담아보니 길어야 10초 정도 걸렸다. 질병관리본부에 따르면 약 30초 동안 거품을 내라고 했으니, 30초 동안 3리터의 깨끗한 물을 그냥 버리고 있는 셈이다.

손에 거품을 내는 동안만이라도 물을 잠가보면 어떨까. 세수를 할 때도 마찬가지이다. 얼굴을 닦을 때는 손을 닦을 때보다 더 많은 시간이 소요된다. 그 시간만이라도 물을 잠그면 수많은 양의 물을 절약할 수 있다. 물을 절약하면 상수도와 하수 처리에 필요한 에너지와 화학약품의 양도 줄이게 되므로 일석삼조다!

대학 때 처음 비행기를 타고 외국여행을 했다. 돈을 절약하기 위해 주로 도미토리를 이용했는데, 가격이 무척 저렴해서 젊은 친구들이 많이 이용하는 숙소다. 도미토리에는 한 방에 2층 침대가 여러 개 놓여 있고 화장실, 욕실, 세면대 등을 공동으로 사용한다. 첫 해외여행이기도 했고 외국친구들과 일

양치할 때
물컵 사용하기

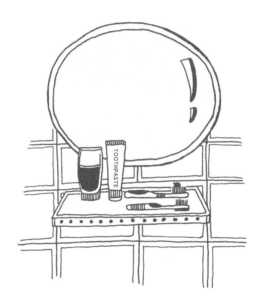

009

상생활을 공유한다는 것 자체가 무척이나 설레고 흥분됐다. '외국인이라고 다른 게 아니네, 사람들 사는 건 다 같구나' 하는 생각도 들고 글로벌 시대에 메트로폴리탄이라도 되는 양 기분이 무척이나 그럴싸했다.

하지만 그런 내 기분에 돌을 던지던 친구가 있었다. "넌 왜 양치질을 하면서 물을 틀어놓는 거니? 컵에 물을 받아서 사용하면 되는데. 굳이 물을 틀어놓는 이유가 뭐야? 이렇게 흘러가는 물이 아깝지 않아?" 뒤통수를 한 대 얻어맞는 기분이었다. 사실 그동안 양치질을 하면서 내가 물을 틀어놓고 있는지조차도 몰랐다. 그때부터였던 것 같다. 양치 습관이 180도 바뀐 것이.

양치질을 할 때 컵에 물을 받아서 사용하기 시작했다. 그러면서 깨달았다. 양치질 할 때 필요한 물의 양은 많아야 2컵 정도라는 것을. 나는 그동안 얼마나 많은 물을 흘려버리고 있었던 걸까.

우리나라로 돌아와 살펴보니 의외로 이전의 나처럼 이를 닦는 사람이 많았다. 양치질을 위한 물은 200ml 물컵으로 2~3컵, 대략 400~600ml면 충분하다. 제대로 사용하지도 않고 수도꼭지에서 흘러 버려지는 물이 상상 외로 굉장히 많다. 아주 간단한 지구별 사랑하기 방법! 양치질 할 때 컵을 사용해 보자.

수돗물 마시기

결혼 전, 무척 말랐던 남편이 결혼을 하고 나서 살이 붙기 시작하더니, 이제는 배가 남산만 해지기 시작했다. 나이가 들면서 주변에 아픈 사람이 늘자 남편은 위기의식을 느꼈고, 때마침 등산을 좋아하기 시작하면서 지난여름부터 근처 공원에서 걷기운동을 시작했다.

걷다 보면 목이 마르다며 병에 물을 담아 다니던 남편은 언제부턴가 손에 무엇을 들고 다니는 것이 거추장스럽고 무겁게 느껴졌다고 했다. 그래서 공원 곳곳에 음수대가 비치되어 있는 것을 발견하고는 수돗물을 먹기 시작했는데 무척 좋다고 이야기했다. 더구나 물을 담는 플라스틱 제품을 쓰지 않게 되는 것도 좋다고 덧붙였다.

최근 시민들의 인식을 바꾸기 위해 서울시에서는 '아리수는 먹을 수 있는 수돗물'이라는 광고까지 만들어서 홍보를 하고

010

있다. 각 공원에 음용수대를 만들었고, 덕분에 누구나 수돗물을 먹을 수 있게 됐다.

UN이 발표한 국가별 수질지수에 따르면 핀란드가 세계 1위, 우리나라는 8위에 속한다. 그만큼 수질이 좋다는 뜻이다. 그러므로 수돗물을 안심하고 먹을 수 있다. 나의 학창시절, 물을 사먹는 시대가 올 것이라 상상이나 했던가.

집에서도 생수를 구입하지 말고, 예전처럼 보리차나 둥굴레 차 등 여러 가지 차로 대신해 마시면 어떨까? 페트병에 담긴 물을 사지 않아도 되니, 플라스틱 쓰레기를 더 많이 줄일 수 있고 수돗물이 훨씬 저렴하다.

지구별을 사랑하는 방법

Level Up

지구를 사랑할 때도 TPO가 중요해요!

 샤워 시간 줄이기 🏠 집에서

011

아이가 중고등학생만 되면 또래 엄마들이 공통적인 이야기를 한다. "아니 우리 아이는 무슨 샤워를 30분이 넘게 하는지 몰라. 등교를 하는 아침에도 샤워하러 들어가면 나오질 않아서 계속 채근하게 돼."

나는 샤워 시간이 평균 10분을 넘지 않는다. 남편이 별명을 '후다닥 김여사'라고 지어줄 정도로 빨리 씻고 나온다. 머리 감고 온몸에 비누칠을 하고 꼼꼼히 닦아도 그 시간이면 충분하던데, 사람들은 왜 이렇게 오래 샤워를 하는 걸까. 그래서 우리 집 욕실에 시계를 부착했다. 갑자기 시간을 줄이라면 반발이 심할 테니 10분만 줄여보라고, 20분 안에 샤워를 해보자고 제안했다. 그 결과 우리 가족의 샤워 시간은 15~20분 안으로 크게 줄었다.

샤워를 하는 동안 틀어대는 수돗물, 우리는 얼마나 많은 물을 사용하고 있을까. 1초에 약 100ml 정도의 물이 나온다고 가정했을 때, 하루에 10분씩 샤워 시간을 줄이면 하루에 60리터 정도의 물을 절약할 수 있다. 하루에 2리터 정도의 물을 마신다고 가정하면, 한 명이 30일 정도 마실 수 있는 엄청난 양이다. 상수도 유량은 집집마다 조금씩 다르겠지만, 사용시간을 줄이면 사용량도 줄어든다는 당연한 원리를 모르는 사람은 아마 없을 것이다. 오늘부터 샤워 시간을 10분씩이라도 줄여보자.

고형 비누
사용하기 🏠 집에서

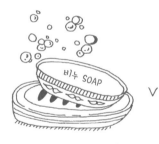

비누 SOAP

V S

보디워시
Body Wash

012

최근 유럽에서는 비누 사용량이 다시 늘고 있다고
한다. 플라스틱 용기에 담겨 있는 보디워시 같은 액체 세정제
사용을 줄이려는 사람들이 많아졌기 때문이다. 나 역시 액체
세정제를 사용하지 않은 지 거의 20년이 되어 간다. 비누로
얼굴도 닦고 몸도 닦는다. 고형 비누는 여러 면에서 안전하고
경제적이기 때문이다. 일단 고체라 따로 방부제를 사용하지
않아도 미생물에 오염이 잘되지 않고 보관하기도 용이하다.
비누가 세균을 없앨 수 없을 것이라 생각하는 사람들이 꽤
많다. 아마도 모 광고를 통해 비누에 세균이 득실득실하는 모
습이 각인된 것으로 생각된다. 하지만 사실과 많이 다르다.
질병관리본부에서는 비누로 30초 이상 꼼꼼하게 세척하면
공중화장실에 서식하는 병원성균 5종과 기회감염균 10종 등
을 거의 다 없앨 수 있다고 발표한 바 있다. 최근 코로나19

바이러스 역시 비누로 손만 잘 씻어도 없앨 수 있다고 정부가 발표했다. 올바른 손 씻기 6단계로 1) 손바닥 2) 손등 3) 손가락 사이 4) 두 손 모아 5) 엄지손가락 6) 손톱 밑, 이렇게 꼼꼼하게 30초간 잘 닦으면 웬만한 세균은 다 제거된다.

전통적으로 만든 핸드메이드 비누는 순비누분과 글리세린, 천연분말, 아로마오일로만 구성되어 있어 피부에도 좋지만, 환경적 측면에서도 유리하다. 일단 다른 계면활성제에 비해 분해가 잘된다. 구성성분이 탄소, 산소, 수소, 나트륨으로 되어 있어 미생물을 분해하기 쉽다. 그래서 환경에 부담이 적다. 또 플라스틱 용기도 필요 없다.

이에 반해 플라스틱 용기 안에 들어 있는 세정제의 경우, 정제수나 추출물과 같은 액상으로 만들기 때문에 미생물에 취약하다. 결국 미생물이 살지 못하게 하려면 필수적으로 방부제를 사용할 수밖에 없다. 물성을 끈적하게 하는 증점제, 미네랄과 같은 금속이온을 잡는 금속이온봉쇄제, 계면활성제 등 많은 물질이 들어간다.

화학적 첨가물은 피부에도 무리가 가지만 환경적 측면에서도 좋지 않다. 심지어 액체 세정제에 가장 많이 사용되는 계면활성제 중 예전에는 안전하다고 말했던 암모늄라우릴설페이트, 소듐라우릴설페이트 같이 '설페이트(황화합물)'가 붙은 계면활성제가 최근 유해성 논란이 있는 것을 보면, 현재 사용되는 계면활성제들도 나중에는 안전하지 않다고 발표될 수 있다. 그리고 설페이트는 황 성분이 포함되어 있어 자연에서 쉽게 분해가 되지 않아 환경에 부담을 많이 준다. 그러므로 환경 부담도 적고 가격 면에서도 경제적인 비누를 사용해보자.

샴푸, 린스, 보디워시 펌핑은 한 번만! 🏠 집에서

목욕탕에서 다른 사람들이 머리 감는 모습을 지켜본 적이 있다. 대부분 샴푸를 3~4번 정도 꾹꾹 눌러 사용을 했다. 리서치 결과도 비슷했다. 보통 성인들은 머리를 감을 때 샴푸를 3번 정도 펌핑한다고 대답했다. 린스와 보디워시도 비슷한 상황. 펌핑 한 번에 나오는 샴푸의 양은 평균 약 3ml 정도 된다. 3번 정도 펌핑한다고 가정하면 약 9ml를 사용하는 셈. 샴푸, 린스, 보디워시를 모두 사용한다면, 샤워 한 번 할 때 사용하는 세제의 양은 약 27ml 정도가 된다.

우리 집에는 린스와 보디워시가 없다. 사실 난 머리 감을 때 샴푸만 사용해도 충분하다고 생각한다. 실제로 린스 없이 20년을 살아왔다. 샴푸는 무조건 한 번만 펌핑한다. 그것만으로도 머리를 충분히 감을 수 있다. 샴푸를 손에 덜은 후 물을 묻히면 거품이 더 많이 난다. 손에서 충분히 거품을 낸 후 머리

013

를 감으면 된다. 또 보디워시 대신 얼굴부터 발끝까지 비누를 사용한다. 목욕 타월에 비누를 한두 번 묻힌 후, 얼굴도 닦고 몸도 닦는다.

우리가 사용한 샴푸, 린스, 보디워시는 어디로 갈까? 당연히 하수구를 통해 하천으로 흘러들어 간다. 굳이 이렇게 많은 양을 사용할 필요가 있을까. 한 번의 펌핑으로도 충분히 거품은 나고 몸에 묻은 더러움을 닦을 수 있는데 말이다. 목욕용품 사용량을 줄여보자! 환경을 위한 우리의 이 작은 걸음이 큰 결과를 낳는다.

치약은 '쥐눈이콩알'만큼이 정량! 🏠 집에서

쥐눈이콩알 만큼만!

014

몇 해 전 치약에서 유해물질이 나와 한바탕 소동이 있었다. 트리클로산이라는 살균제와 파라벤이라는 방부제, 심지어 가습기 살균제의 방부제로 사용되어 폐섬유종을 일으켰던 메틸이소치아졸리논MIT, 메틸클로로이소치아졸리논CMIT 이라는 방부제까지 검출되어 경악을 금치 못했던 사건이다.

치약은 계면활성제, 연마제, 방부제, 향 등으로 이루어져 있는데, 사용 후 우리 몸에 잔류하는 치약 성분은 약 5일이 지나야 사라진다. 입 안을 헹굴 때는 물을 머금고 세차게 3회 정도 꿀룩꿀룩 해야 하고, 뱉는 것도 7회 정도 해야 그나마 잔류하는 양을 최대한 줄일 수 있다. 치약을 많이 짜서 양치한다면, 과연 7회만으로 구강 속 치약찌꺼기를 다 없앨 수 있을까?

치약의 적정 사용량은 쥐눈이콩알만큼이다. 그것으로도 충분히 세척이 된다. 칫솔의 앞부분에서 끝까지 치약을 가득 짜 닦는다고 이가 더 깨끗해지지는 않는다. 입 속 잔류량만 많아지는 것.

계면활성제는 일정 농도가 되면 때를 포집할 수 있는 동그란 구 형태의 미셀을 만들고, 그 이상이 되면 더 이상 미셀을 만들지 않는다. 즉, 일정 양의 물에 계면활성제를 계속 넣는다고 세척력이 더 좋아지지는 않는다는 뜻이다. 모든 것에는 적정 사용량이 있다. 그 양만큼만 사용하자. 건강을 위해서도, 우리가 살아갈 이곳을 위해서도, 그것이 최소한의 도리!

수도꼭지는 냉수 방향으로 돌려놓기 🏠 집에서

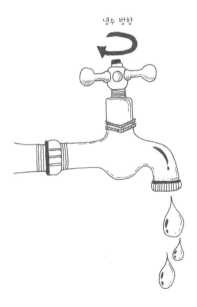

냉수 방향

015

요즘은 추운 겨울이 아니더라도 대부분 따뜻한 물을 선호한다. 하지만 따뜻한 물로 손을 씻고 난 후, 그대로 잠근다면 당신은 환경지킴이 초보!

물을 사용하지 않아도 수도꼭지가 온수 방향에 있으면 보일러는 계속 작동한다. 물을 예열하고 온도를 유지하기 위해 보일러가 돌아가기 때문이다. 그러므로 한겨울에도 온수 온도는 40~50도 아래로 낮게 유지해야 한다. 온수 설정에서 '저低' 또는 '중中'으로 맞출 것! 높게 설정되어 있으면 고온이 될 때까지 보일러를 돌린 후, 찬물을 섞어 온도를 낮추는 셈이 된다. 40도만 돼도 목욕을 할 만큼 뜨끈뜨끈하다.

보일러를 3~4년에 한 번만 청소를 해도 사용료를 20% 절감할 수 있다. 또 싱크대 밑에 있는 보일러관을 수건이나 걸레 등으로 따뜻하게 감싸주면 새는 난방비를 줄일 수 있다. 외출할 때는 보일러 상태를 '외출'로 돌려놓으면 좋다. 형광등처럼 보일러도 사용할 때마다 껐다 켰다 하는 사람이 많은데, 이렇게 하면 훨씬 더 많은 에너지가 소비된다. 차가워진 집을 데우려면 더 많은 에너지가 필요하기 때문이다. 외출로 설정하면 낮은 온도로 유지되므로 예열할 필요도 없고 온수 사용도 가능하다. 물론 동파 방지에도 효과적.

수도를 사용했다면 잊지 말고 수도꼭지는 냉수로, 외출 시 보일러 설정 기능은 외출 모드로!

많은 사람들이 설거지를 할 때 수세미에 바로 세제를 묻히곤 한다. 처음엔 거품도 많이 나서 잘 닦이는 것 같지만, 몇 개 닦다 보면 거품이 점점 사라진다. 그러면 또 "어? 세제가 부족하네" 하고 세제를 더 쓰게 된다. 하지만 이런 행동은 주방세제를 표준 사용량의 3~4배까지 사용하게 하므로 아무래도 잔류세제가 많이 생길 수밖에 없다.

주방세제도 표준 사용량이 정해져 있다. 세제 뒷면을 확인해보자. 종류에 따라 조금씩 다르지만, 보통 물 1L에 세제 1~2ml를 희석하라고 되어 있다. 주방세제 펌핑 한 번에 대부분은 2ml, 두꺼운 펌프는 3.5ml 정도가 나온다. 일반적인 설거지 볼에 물을 받으면 2L 정도 되므로, 한 번 펌핑해서 주방세제를 물에 녹이고 설거지할 그릇을 담근 후 헹구면 된다. 만약 직접 수세미에 묻혀 사용하게 되면, 권장 사용량의 10배까지 사용하게 될 수도 있다.

주방세제는 물에 희석해서 사용하기 🏠 집에서

016

뚝배기와 나무 재질 주방용품은 절대 주방세제로 닦으면 안 된다. 뚝배기는 고온에서 구울 때 내부에 존재하던 물이 증발하면서 미세구멍이 생긴다. 구멍 크기가 $1 \sim 100 \mu m$로 눈에는 매끈해 보이지만, 실제로는 표면에 미세한 구멍들이 많아 세제가 들어갈 수 있다. 나무 재질 주방용품 역시 표면에 무수한 홈들이 존재하며, 실제 표면적이 매우 넓어 세제들이 파고들고 꽤 많은 양의 세제들이 남는 경우가 있다.

이런 식으로 모르는 사이에 우리는 꽤 많은 양의 세제를 먹고 있다. 실제 1년에 섭취하는 잔여 세제량이 소주잔으로 1~2잔 정도라는 연구결과도 있다. 이렇게 조금씩 쌓이다 보면 당연히 건강에 해롭다. 희석된 합성세제를 만성적으로 섭취했을 때 인체 독성에 대한 한 보고서에 따르면, 확실하게 밝혀진 전신독성은 신장석회증이었고, 가능성은 낮지만 만성적인 위장자극으로 십이지장염증을 유발할 수 있다.

또 잔류된 합성세제가 손을 통해 피부와 눈을 자극하여 피부염과 각막 혹은 결막 염증을 유발할 수도 있다. 특히 합성세제를 계속 사용하면 주부 습진이 걸리는데 (이건 나의 경험에 의해서도 정확히 맞다) 피부가 벗겨지는 것을 넘어서 갈라지고 진물이 날 정도로 심해진다. 게다가 합성세제에는 계면활성제 이외에도 여러 가지 화학물질이 들어 있다. 현재까지 밝혀지지 않은 다양한 건강상 문제가 발생할 수 있으니 주의하자.

세탁할 때
세제는
정량만 사용하기 집에서

017

세제의 주요 성분은 계면활성제. 계면이란 물과 기름 사이의 경계면을 뜻한다. 물과 기름은 서로 섞이지 않는다. 서로 잘 섞기 위해선 물과 기름 사이의 계면을 활성화시켜 잘 섞어줄 수 있는 물질, 즉 계면활성제가 필요하다. 옷에 묻은 때는 대부분 사람의 몸에서 나온 피지의 때, 즉 기름때로 물에 넣어도 녹지 않는다. 그러므로 물하고 기름을 섞어주는 물질이 필요하다.

계면활성제는 물과 친한 친수성 부분과 기름과 친한 친유성(소수성) 부분을 가지고 있다. 이것이 들어간 세탁세제는 일반적으로 세제의 사용량에 비례해 세탁 효과가 증가하지만, 일정 농도 이상에서는 사용량을 늘려도 세탁 효과는 크게 증가하지 않는다. 그럼에도 불구하고 왠지 좀 거품이 나야 빨래가 제대로 될 것 같다는 생각에 적정 사용량 이상으로 넣는 경우가 많다.

의외로 많은 사람들이 세탁할 때 정량을 넣지 않는다. 아니 세제의 정량을 보지도 않는다. 대부분 대충, 이 정도, 그냥 느낌대로 넣는다. 세탁물의 부피와 중량에 따라 세탁세제의 양은 정해진다. 만약 세탁물의 중량에 맞지 않게 많은 양의 세제를 넣었을 경우, 어떻게 될까? 세제가 물에 녹을 수 있는 양은 정해져 있기 때문에 미처 물에 녹지 못한 잔여 세제가 세탁물에 남을 확률이 무척 높아진다.

옷에 남아 있는 세제는 다 마른 후에도 남아 있을 가능성이 농후하다. 우리는 그렇게 세제가 묻은 옷을 입게 되는 것이다. 세제는 피부에 달라붙고, 달라붙은 세제는 피부를 붉게 만들며, 가려움을 유발한다. 세제의 계면활성제가 매일 피부에 닿으면 피부 장벽이 약한 사람은 접촉성 피부염에 걸리기 쉽다.

또 정량을 사용하지 않아 물에 남은 세제는 하수도에 흘러 들어간다. 세탁세제에 사용되는 합성계면활성제는 의외로 분해가 잘되지 않는다. 30일이 지나도 절반 가까이 남아 있는 경우가 많다. 이렇게 남은 세제들은 결국 하천을 오염시킨다. 빛의 투과율을 낮게 만들어 해조류의 번식이 쉬워지는데, 이를 녹조현상이라고 부른다. 그 결과 하천에 사는 생물들은 용존산소량이 적어져 살기가 힘들다.

세탁할 때 세제는 정량만 사용하기

세제를 살 때마다 정량을 꼭 확인하자. 잘 모르겠으면 세제사용지수를 확인하고 세제를 넣자. 세탁 양에 따른 세제 적정량은 보통 '세제사용지수'로 표시된다. 국내에서 판매되는 세탁용 세제에는 지수가 표시된 계량컵이 들어 있다. 세탁량이 3kg이라면 세제 사용지수는 '3'이며, 세제는 계량컵 눈금 '3' 만큼 넣으면 된다. 세탁량이 7kg이면 세제 사용지수는 '7'로, 눈금 7에 맞춰 세제를 넣으면 된다.

베이킹소다 활용하기 🏠 집에서

018

베이킹소다는 중조, 탄산수소나트륨으로 불리는 알칼리성 물질이다. 물과 함께 반응하면 이산화탄소가 발생하고, 보통 빵이나 과자의 팽창제로 많이 사용된다. 단백질을 녹이거나 조림을 빠르게 하기 위해서 식품으로 활용되기도 한다.

요리에 주로 사용하는 베이킹소다는 천연의 물질은 아니지만, 물에 쉽게 녹아 잘 분해되고 인체에 무해하기 때문에 입욕제, 구강청결제, 치약에도 사용된다. 최근에는 청소, 의류세탁, 탈취에 이르기까지 '만능 재주꾼'이라고 할 정도로 다양한 쓰임새를 자랑한다.

주방에서 생기는 때는 주로 음식물을 만들다가 발생한 기름때, 즉 산성의 때이므로 약알칼리성인 베이킹소다와 만나면 중화반응에 의해 쉽게 제거할 수 있다. 베이킹소다는 부드러운 결정구조의 분자로 이루어져, 수분이 더해지면 결정 각이 분해되면서 표면이 부드러워져 때를 제거해준다.

상처가 날 염려가 없을 정도로 부드러워 표면이 긁히기 쉬운 플라스틱 용기에도 안심하고 사용할 수 있다. 설거지할 때 수세미에 묻혀 사용하면 된다. 간편하게 기름때를 제거할 수 있고, 웬만한 탄 냄비를 원상태로 돌려놓는다. 심지어 음식물 냄새, 담배 냄새, 발 냄새, 애완동물 냄새 등 산성을 띠는 악취도 화학적으로 중화해 없애준다. 집안 곳곳에 두면 탈취 및 흡습제로 사용할 수 있다.

　　과탄산나트륨 또는 과탄산소다라고 불리는 물질은 탄산나트륨과 과산화수소가 약 2:3의 비율로 혼합된 흰색 고체로 물에 녹는 특징이 있다. 베이킹소다에 비해 알칼리성이 강한 과탄산소다는 pH10의 염기성 물질로, pH8의 베이킹소다보다 더 뛰어난 세정력을 가지고 있다.

물에 녹은 상태에서는 탄산 음이온과 나트륨 양이온으로 변한다. 탄산 음이온은 물속에 녹아 있는 칼슘, 마그네슘 이온을 비롯한 각종 금속이온과 반응해 세탁이 잘 되도록 도와준다. 광고로 익숙한 산소계 표백제의 주성분이 바로 과탄산소다이다. 과탄산소다에 포함된 과산화수소가 살균 및 표백 기능이 있어 빨래의 얼룩 제거에 효과적이다. 엄밀히 말해 천연성분은 아니고, 천연성분을 합성한 화합물이다. 하지만 합성방법이 유해하지 않은 무기화학 합성방법인 데다가, 세탁 시 사용해도 문제가 없다고 검증되어 천연세제라 보아도 무방하다.

과탄산소다를 이용해 세탁하려면, 찬물 1L당 과탄산소다 10g의 비율로 넣어준다. 찬물이 아닌 뜨거운 물에 넣으면,

얼룩 뺄 때 과탄산소다 활용하기 🏠 집에서

019

화학반응이 지나치게 빠르게 일어나 생성되는 이온이 안정적이지 못하다. 빠른 시간 안에 세척하려면 조금 따뜻한 물에 풀어서 해도 좋다. 그러나 아주 뜨거운 물에서는 이온이 표백에 사용되기도 전에 산소 등의 다른 물질로 변해버려, 오히려 표백 효과가 떨어진다. 이러한 이유로 과탄산소다를 넣고 세탁할 때, 뜨거운 물보다는 찬물에 세탁하는 것이 더 좋다. 또한 과탄산소다는 강한 염기성 물질이기에 단백질을 파괴할 수 있다. 가죽, 울, 동물의 털, 모직, 캐시미어 등의 단백질성 섬유를 세탁할 때는 사용할 수 없다.

과탄산소다는 산소를 이용해 때를 분해하는데, 접촉하는 때와 반응을 해 표백효과가 일어나고 반응 후에는 물과 산소로 분해된다. 바로 이런 점 때문에 환경문제를 염려하지 않아도 되는 것. 단백질 성분의 때나 기름때 제거에도 효과적이라서 베이킹소다로 없애지 못한 찌든 때를 제거하는 데 효과적이다.

땀이나 피지 같은 산성을 띠는 악취를 흡수하므로 운동화 빨 때도 매우 효과적이다. 단, 진한 농도의 과탄산소다와 직접 접촉하면 옷감은 물론 피부도 상할 수 있으니 주의할 것. 신생아와 유아의 기저귀, 거즈, 내복, 의류를 비롯해 순면 생리대 같은 여성용품의 살균 및 얼룩 제거에 사용하면 좋다. 삶을 때 과탄산소다를 한 스푼 정도 넣으면 흰 옷을 더욱 깨끗하게 세탁하고 살균할 수 있다.

섬유유연제와 탈취제를 사용하지 않은 지도 벌써 20년이 되어 간다. 공통적으로 양이온 계면활성제가 들어가는데, 이 성분이 정전기를 방지하고 살균 소독효과도 높여준다. 문제는 이 양이온 계면활성제가 모든 계면활성제 중 가장 자극적이라는 것.

섬유유연제 대신
구연산 사용하기

🏠 집에서

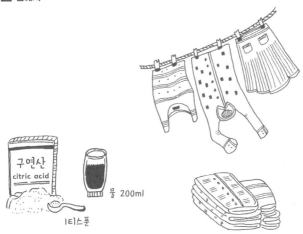

구연산
citric acid

물 200ml

1티스푼

020

아이가 아토피성 피부염으로 고생을 하면서 가장 먼저 없앤 것이 바로 섬유유연제와 탈취제이다. 대신 구연산이라는 물질을 사용하는데 레몬, 라임, 오렌지, 귤 등 오렌지 계열의 신맛을 담당하는 천연물질이다. 오렌지 계열의 과일에서 합성 또는 자연적으로 추출한 성분으로, 반짝이는 무색·무취의 결정체로 신맛이 매우 강하다. 기본적으로 천연 방부제로 사용될 만큼 항산화에 뛰어난 효능을 가지고 있다.

구연산을 시트르산이라고도 하는데 pH3의 산성 성분으로 알칼리성을 만나면 중화반응이 일어난다. 이것이 직물을 부드럽게 만들어주므로 섬유유연제 대신 사용 가능하다. 물에 녹여서 액상 상태로 사용하거나, 가루째 세탁기 섬유유연제 자리에 넣어서 사용하면 된다.

산성 성분이라 세균을 제거하는 데도 탁월해 살균이 필요한 곳에 사용하면 좋다. 도마와 같은 주방용품의 살균을 비롯 집안 곳곳에 사용해보자. 물 200ml에 구연산 1티스푼을 섞어 희석, 구연산수로 만들어 냄새가 나거나 살균이 필요한 곳에 뿌린 후 닦아주면 좋다. 물속의 금속이온이나 비누와 같은 알칼리제가 만나서 생긴 물때와 만나면 중화되어 때를 쉽게 제거하므로, 욕실이나 배수구, 수저통 같이 물때가 많은 곳에 사용해도 매우 효과적이다.

친환경
세탁하기 🏠 집에서

세탁을 하기 전, 먼저 옷에 붙어 있는 라벨을 확인해보자. 라벨에 쓰여 있는 취급표시를 확인하고 물세탁 할 옷과 드라이클리닝 할 옷으로 나눈다.

우리가 세탁소에 많이 맡기는 등산복, 아웃도어웨어, 골프웨어, 구스 패딩, 오리털 패딩 등도 대부분 물세탁으로 분류된다. 물세탁 해야 할 옷을 드라이클리닝 하게 되면 옷감의 기능성이 떨어지기 때문에 잘 보고 분류하는 게 좋다. 그다음 물세탁 할 옷은 흰옷과 색깔 옷으로 나눈다. 즉, 소재와 색에 따라 빨래를 먼저 분류하는 것이다. 구스나 오리털 패딩은 세탁 후 말릴 때 옷걸이나 빈 페트병을 이용해서 두들겨주면 다시 원래 상태로 복원된다.

옷깃이나 소매, 앞섶 등 쉽게 때가 타는 부위는 세탁기에 넣기 전에 비누 등을 미리 묻혀서 애벌빨래를 한다. 애벌빨래를

021

할 시간이 없으면 비누를 미리 묻혀놓은 후 세탁기를 돌려도 좋다. 이렇게 세탁기에 넣고 돌리면 따로 힘을 들이지 않아도 깨끗해진다.

빨래를 자주하면 물과 전기를 낭비하게 된다. 따라서 모아서 하는 것이 좋은데, 이때 너무 많은 양을 넣게 되면 오히려 세탁력이 떨어진다. 세탁물은 세탁 용량의 약 70%를 넣어주는 것이 좋다. 세탁물을 너무 많이 넣으면, 세탁물이 물을 많이 머금기 때문에 세제가 녹을 물이 적어지고 세탁기도 잘 돌지 않는다. 물도, 세제도 줄일 수 있는 친환경 세탁법, 어려운 게 아니다. 꼼꼼하게 세탁물을 확인해서 분류하고, 적절한 세탁법을 선택하는 것만으로도 충분히 실천할 수 있다.

욕실 청소용 세제 올바르게 사용하기 🏠 집에서

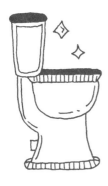

022

욕실용 세제로 가장 많이 사용되는 염소계 표백제. 청소의 마무리는 이 표백제로 해야만 안심이 된다고 하는 사람들이 있는데, 아이러니하게도 환경부에 신고된 화학물질 사고 중 가장 많은 부분을 차지하는 것이 바로 이 염소계 표백제다.

염소계 표백제는 강력한 살균효과 때문에 사용하는 사람들이 많다. 하지만 실제 사용해본 사람들은 잘 알겠지만 눈이 따갑거나 속이 메스껍고 어지럼증을 유발하기도 한다. 주성분이 차아염소산나트륨으로 되어 있기 때문인데, 이 물질은 물을 만나면 염소가스를 발생시킨다. 공기 중에 0.1~1%만 존재해도 호흡곤란을 일으킬 수 있을 정도로 유독한 물질이다.

간혹 두 종류 이상의 합성세제를 섞으면 효과가 더 좋지 않을까 해서, 또는 살균, 소독, 찌든 때 제거 등을 한 번에 쉽게 하기 위해 염소계 표백제와 다른 세제를 섞어서 사용하는 경우가 있다. 하지만 합성세제를 섞으면 유독가스가 발생하기 쉽고, 내용물에 따라 손, 눈, 호흡기를 상하게 할 수 있다. 세제의 어떤 성분들이 서로 반응해서 유독물질을 만드는지, 아직 상세한 자료가 부족하기 때문에 절대로 섞어 사용하면 안 된다.

염소계 표백제는 반드시 희석해서 사용해야 한다. 원액은 매우 독성이 높아 피부에 닿을 경우 화상을 입을 수 있다. 또 휘발성이 매우 강하므로 순식간에 기화해 염소가스로 바뀐다. 청소할 때 표백제 원액을 사용한 경우 염소가스로 인한 중독(현기증, 구토, 호흡기계 질환 등)이 심해지므로, 꼭 물에 희석해서 사용할 것. 기본 희석비율은 100배이다. 용도에 따라 최대 500배까지 희석해야 한다.

희석할 때는 먼저 물을 받아놓고 그다음 염소계 표백제를 탄다. 염소계 표백제를 먼저 넣고 물을 붓게 되면 원액이 튈 수 있기 때문. 그리고 꼭 찬물을 사용해야 한다. 따뜻한 물은 염소계 표백제의 기화를 빨리 일으키므로 늘 찬물로 희석해야 한다는 것을 잊지 말자. 염소계 표백제로 욕실 바닥을 박박 닦은 후에도 꼭 찬물로 씻어야 한다. 만약 뜨거운 물을 부어 씻어내면, 뜨거운 물과 만난 표백제에서 염소가스가 더 많이 나오기 때문이다.

염소계 표백제는 휘발성이 매우 강해 밀폐된 공간에서 장시간 사용할 경우 위험하다. 사용할 때나 사용 후, 반드시 창문이나 문을 열어서 환기를 시켜야 한다. 또한 염소가스는 무겁기 때문에 잘 빠져 나가지 않고 가라앉는다. 그러므로 30분 이상 충분히 환기시키는 것이 좋다.

다용도 세제 'EM' 활용하기 🏠 집에서

EM이란 'Effective Micro-organisms', 즉 '유용한 미생물'의 약자로 자연계에 존재하는 많은 미생물 중 사람에게 유익한 미생물 수십 종을 조합, 배양한 것이다. 다시 말해, 미생물로 만든 똑똑한 다목적 세제. 이 EM 발효액을 활용하면 합성세제 사용을 줄이거나 사용하지 않을 수 있으며, 물 사용도 줄이는 한편, 청결하고 위생적인 청소(해충, 병원균, 먼지 제거)가 가능하다. 실내 공기정화(냄새제거, 새집증후군) 효과도 좋다고 알려져 있다. 덕분에 생활 속 다양한 친환경 생활용품 만들기에 이용되고 있다. 안전성이 검증되어 '마법의 친환경 용액'이라고도 불린다.

효모, 유산균, 광합성 세균이 EM을 구성하고 있는 주요 균종이며, 발효 생물의 항산화력이 EM의 대표적인 효과로 나쁜 미생물을 줄이고 좋은 미생물을 늘려 유익한 환경을 만들어

준다. 예를 들어, 우유 또는 콩을 방치하면 부패하면서 악취를 풍기는데, 이는 활성산소에 의해 산화되었기 때문이다. 그러나 같은 우유나 콩이라도 유익균이 작용을 하면 우유는 요구르트가, 콩은 된장이 될 수 있다. 이와 같이 균이 인간에게 유익하면 발효라고 하고, 인간에게 유해하면 부패라고 한다.

EM은 원액이든 발효액이든 100배가량 희석해서 사용한다. 청소할 때 묻혀서 닦으면 아주 깨끗해지고 세균 번식도 막을 수 있다. 설거지할 때 세제 대신 사용해도 좋다.

특히 배수구가 막혔을 때 EM을 부어놓으면 기가 막히게 뚫린다. 빨래할 때도 헹굼 시 세탁기에 발효액을 섬유유연제 자리에 종이컵 반컵 정도 넣어 사용하면, 옷감이 부드러워지고 잡냄새가 나지 않는다. 화장실 변기에도 발효액을 100배 희석해서 청소하면 지린내가 나지 않는다. 친환경 농업에서도 많이 사용되는데 1,000배 희석해서 물을 주면 식물이 튼튼하게 자란다.

음식물쓰레기에 뿌려 놓으면 악취가 나지 않고 발효가 되므로 썩는 냄새가 나지 않는다. EM을 뿌린 음식물쓰레기를 아파트 음식물쓰레기장에 버리면, EM이 번식하므로 다른 음식물쓰레기가 발효되는 데도 도움이 된다. 이렇게 유용한 EM을 최근에는 동사무소나 기관에서도 무료로 나누어주는 곳이 생기고 있다. 알아보고 유용하게 사용해보자.

냉장고에 식재료 목록과 유통기한 적어두기 🏠 집에서

024

　　냉장고를 뒤지다가 냉동실에서 꽁꽁 언 채로 몇 년 동안 방치된 생선이며 유통기한이 한참 지난 장아찌, 된장, 고추장 등이 쏟아져 나온 경험, 누구나 있을 것이다. 호박을 사와서 넣으려고 봤더니, 채소 칸에서 떡하니 발견되기도 하고. 분명히 장을 보러가기 전에는 보이지 않았는데도 이런 일이 비일비재하다.

요즘 20~30대를 중심으로 '냉장고 파먹기', '냉장고 싹 비우기'가 유행이다. 일정 기간 식재료를 따로 사지 않고 냉장고 안에 쌓여 있는 식재료만으로 요리해서 모두 처리하는 것을 말한다. 대량구매나 충동구매한 다음 방치했다가 유통기한이 지나면 버리는 낭비를 막자는 취지. 유명인들이 자신들의 냉장고를 가지고 나와, 그 안에 있는 식재료로 셰프들이 요리 대결을 펼치는 인기 예능 프로그램도 이런 트렌드를 부추겼다. 1인 가구가 늘면서 남는 식재료가 많아진 데다, 요리 예능의 유행으로 '집밥' 열풍이 불고, 경기침체로 인한 소비절약 풍조, 단순한 삶을 지향하는 미니멀 라이프스타일 등이 복합적으로 작용한 결과이다.

그렇다고 매번 냉장고 파먹기만 할 수는 없지 않은가. 집에 어떤 재료가 있는지 냉장고 앞에 식재료 목록을 써두는 습관을 들이자. 최신 스마트 냉장고 중에는 냉장고 안에 어떤 식재료가 있고, 유통기한이 언제까지인지 알 수 있는 것도 있다고 한다. 하지만 누구나 이런 냉장고를 사용할 수 있는 것은 아니므로, 식재료 목록과 함께 유통기한을 써두는 게 좋다. 중복된 품목은 사지 않아도 되고 불필요한 낭비도 없앨 수 있다.

스마트폰 앱을 이용하는 방법도 있다. 냉장고 안 식품목록을

냉장고에 식재료 목록과 유통기한 적어두기

쓰고 유통기한을 기입하면 유통기한이 얼마 남지 않았을 때 알려준다. 또 냉장고에 어떤 식품이 있는지 한눈에 볼 수 있어서, 장보러 갈 때도 무척 편리하다. 냉장고에 보관 중인 식재료만 잘 관리해도 음식물쓰레기를 줄일 수 있어서 환경 보전에 기여하는 것은 물론, 가계경제와 가족건강에도 도움이 된다.

냉장고 적정온도 유지하기 🏠 집에서

025

냉장고의 적정온도는 보관하는 음식에 따라 조금씩 다르지만, 대부분 냉장고는 약 1~5℃, 냉동고는 약 -23~18℃이다. 적정온도를 맞추지 않으면 전력낭비일 뿐만 아니라 보관하는 음식이 상하거나 얼기 십상이다. 적정온도를 맞춘 뒤 상하기 쉬운 음식은 냉장고 안쪽, 자주 꺼내 먹는 음식은 앞쪽에 보관한다.

모든 식품을 냉장고에 보관해야 하는 것은 아니다. 탄수화물이 풍부한 곡류나 견과류는 10~15℃ 이하로 온도 변화가 적은 환경에서 보관해야 한다. 감자는 냉장 보관 시 발암물질이 더 많이 생성되기 때문에 반드시 실온에 보관해야 한다. 종이 상자에 넣어 햇빛은 없고 바람이 잘 통하는 곳에 두자. 껍질에 쌓여 있는 양파와 마늘도 바람이 잘 통하는 실온에 보관한다.

달걀은 씻지 않은 상태로 냉장고 문보다는 냉장고 안쪽에 보관하되, 뾰족한 곳이 아래로 향하도록 보관하는 것이 좋다. 두부를 오래 보관해야 할 때는 차가운 물에 담가 밀폐한다. 이때 물에 소금을 조금 넣으면 신선함이 더 오래 유지된다. 그러나 변질이 쉬우므로 매번 먹을 만큼 사서 즉시 먹는 것이 더 안전하다.

깨소금은 작은 병에 나누어 냉장 보관하고 많은 양을 장기간 보관할 때는 2장 겹친 비닐봉지에 담아 공기를 빼고 밀봉하거나 진공 포장해 냉동 보관한다. 깨는 통깨 상태로 보관했다가 먹을 때마다 조금씩 빻아 먹어야 고소한 맛을 오랫동안 즐길 수 있다. 고춧가루는 잘못 보관하면 벌레가 생기거나 뭉치기 쉽다. 당장 쓸 만큼만 밀폐용기에 담아 상온에 두고 나머지는 밀폐용기에 넣어 냉동한다.

고춧가루, 소금 등 가루 양념에 물이 들어가면 쉽게 굳고 변질되므로 물이 들어가지 않게 주의하고 전용 스푼을 정해 하나씩 꽂아두고 사용하면 위생적으로 요리할 수 있다. 통조림은 개봉 시 산소와 결합해 부식되므로 개봉 후에는 깡통째 보관하지 말고 별도의 깨끗한 밀폐용기에 담아 보관한다. 골뱅이, 옥수수 등은 다른 그릇에 담아도 금세 상하니 물을 버리고 분량만큼 밀폐용기나 비닐에 나누어 담아 냉장 보관한다. 남은 통조림은 되도록 먹지 않는 것이 안전하다.

지금 이 순간에도 전체 음식물의 1/7이 버려지고 있다. 음식물쓰레기로 인해 연간 18조 원이 낭비되고 있는 것을 아는가. 음식물쓰레기를 줄이는 근본적인 방법은, 식자재 구매를 알맞게, 그리고 적당히 하는 것뿐. 충동구매를 줄여야 한다. 그리고 일주일에 한 번씩 냉장고를 정리하면 과소비와 식자재 소비를 막을 수 있다.

냉장고는
70% 이하로 채우기 🏠 집에서

026

오래된 음식은 버리고, 식자재는 물기 없는 것은 지퍼백이나 위생 비닐백, 물기 있는 것은 밀폐용기를 이용해서 정리한다. 모든 용기와 지퍼백에는 이름표를 붙여서 누가 봐도 알아볼 수 있게 하면 좋다. 자주 소비하고 빨리 소비해야 할 것은 눈에 보이는 곳에 둔다. 이때 같은 모양의 밀폐용기를 구입해서 담아두면 효과적이다. 공간을 덜 차지하게 하려면 넓적한 밀폐용기를 여러 개 사서 세로로 보관하는 것이 좋다.

냉동실도 같은 방법으로 일주일에 한 번씩 정리할 것. 냉장고를 깨끗이 청소하게 될 뿐 아니라 우리집 식자재 현황도 파악할 수 있다. 냉장고 위생은 물론 식자재를 소비하는 방법도 확 달라지고, 식자재 낭비와 음식물쓰레기를 줄이는 방법도 된다. 냉장실은 용적량 70% 이하로 채우는 것이 기본. 냉장고 안 냉기 순환이 적절하게 이루어져 그만큼 전력이 절약된다. 심지어 유해 미생물 증식도 억제할 수 있다. 이때 냉동실은 영하 18℃, 냉장실은 5℃ 이하로 유지하는 것이 좋다.

잊지 말자. 냉장고를 적정온도로 유지하고 전력사용량을 줄이기 위한 방법! 첫째, 전체 용량의 70% 이하로 채우기. 둘째, 냉장고 문 자주 열지 않기. 그리고 셋째, 뜨거운 음식 식힌 후 보관하기. 냉장고 내 음식물이 10% 증가하면 전기소비량은 3.5% 증가한다. 그리고 냉장고는 뒷면에서 열이 발생하므로 적어도 벽으로부터 10cm가량 떼어 놓는 것이 좋다.

냉장고에 낀 성에 없애기 🏠 집에서

　　냉장고를 사용하다 보면 성에가 끼는 경우가 많다. 성에가 생기는 이유는 냉동실 또는 냉장실 내부의 온도차이 때문이다. 냉장고 문을 자주 열고 닫으면 외부의 따뜻한 공기가 유입되는데, 공기 온도가 높을수록 더 많은 수증기와 함께 유입된다. 이때 냉장고 온도가 낮기 때문에 수증기가 냉장고 벽에 달라붙어 성에가 생긴다. 실내외 온도 차이가 클수록 성에가 잘 낄 수밖에 없다.

보통 냉각기에 있는 전기 히터가 주기적으로 작동하면서 성에를 제거하기도 하는데, 성능이 좋지 않은 냉장고나 성에 제거와 관련된 장치가 고장 나면 더 심하게 성에가 생긴다. 채소에 생기는 성에도 수분 때문이다. 물기를 빼고 보관하거나 키친타월, 신문지에 싸서 보관하면 방지할 수 있다.

성에가 1cm 이상 끼면 냉동 및 냉장효과가 떨어질 뿐만 아

027

니라, 전력소비가 늘어 전력낭비도 심해진다. 생각보다 많은 사람들이 성에 제거를 위해 포크, 수저, 심지어 칼을 사용한다. 이렇게 하면 냉각 팬이 고장 나고 냉장고 가스가 누출되는 사고가 생길 수 있다. 일단 물건을 다 꺼내고 전원을 끈 뒤, 냉장고 바닥에 비닐봉지를 평평하게 깔아놓고 30분 정도 기다렸다가 실리콘 주걱이나 나무주걱을 사용하여 살살 쳐내면 아래로 떨어진다. 그리고 비닐봉지만 걷어내면 성에를 쉽게 제거할 수 있다. 만약 성에가 자주 낀다면 냉장고 고무 패킹이 들떠서 그런 경우도 있으므로 살펴볼 필요가 있다.

냉장고를 자주 여닫아 온도 유지가 안 되면 세균이 번식하기 딱 좋은 조건이 된다. 냉장고에 사는 세균 중에는 감기, 복부경련, 설사, 패혈증, 뇌수막염을 유발하는 리스테리아균이 있다. 0℃에서도 번식 가능한 우유, 요구르트, 육류 속 여시니아균은 4℃의 냉장실에서도 계속 생장 증식한다. 10℃ 이하의 낮은 온도에서 잘 생기는 푸른곰팡이와 비브리오균은 저온성은 아니지만 식중독을 유발하는 세균이다. 해산물 등을 상온에서 몇 시간 두었다가 냉장실에 넣으면 이미 많은 세균이 증식한 뒤라 어패류를 통해서는 장염에 노출될 수 있다. 황색포도상균에 오염되면 냉장고에 넣어도, 웬만큼 익혀도 소용없다. 세균이 많아지면 그만큼 냉장고에서 냄새도 많이 나게 된다.

성에도 없애고 세균도 없애기 위해 한 달에 한 번 정도 냉장고를 깨끗하게 청소하는 것이 좋다. 음식을 보관하는 공간이므로 계면활성제가 들어간 세제로 청소를 하는 것은 별로 좋지 않다. 냉장고 속 공기가 순환하면서 식재료에 세제 성분이 닿을 수 있기 때문이다. 대신 소주와 식초를 이용하면 아주 쉽게 청소할 수 있다. 소주의 알코올 성분이 때를 녹이고 살균 효과를 높인다. 식초의 살균 효과를 이용해 닦는 것도 추천한다. 행주에 소주나 식초를 묻혀서 닦은 후 마른 걸레로 한 번 더 닦아낸다. 특히 고무패킹과 문틈을 잘 닦아줄 것. 그래야 냉장고 밀폐가 잘되고 전력도 아낄 수 있다.

어릴 때 부모님께 "방 불 좀 꺼라" 하는 잔소리를 들어보지 않은 사람은 거의 없을 것이다. 자원 절약이 미덕이었으니, 불을 켜놓음으로써 소비되는 전력을 줄여보려는 자구책이었을 것이다. 그럼에도 불구하고 이 방법이 가장 쉬운 환경운동인 게 사실이다.

불을 끄고 별을 켜자 🏠 집에서

028

우리나라의 에너지 해외 의존도는 약 96% 정도로 필요한 에너지의 대부분을 해외에 의존하고 있다. 가파르게 상승하는 국제유가와 석유자원 고갈에 대한 끊임없는 경고에도 불구하고 에너지 총소비는 줄어들지 않는다. 오히려 에너지 수요는 생산량보다 더 빠르게 증가하고 있다.

우리나라의 전기는 주로 화력발전을 이용해 만들어진다. 연료를 태움으로써 생기는 에너지를 이용하기 때문에 어쩔 수 없이 이산화탄소 및 황산화물을 발생시킨다. 여기서 발생하는 이산화탄소가 지구온난화를 가속화시키는 것. 그리고 황산화물은 빗물과 만나면 산성비가 되어 내린다. 또 연료를 태울 때 나오는 연기는 미세먼지의 주범이고.

기억하자! 너무 많은 에너지의 낭비는 지구온난화의 가장 큰 원인. 일상에서 한 사람, 두 사람 에너지 절약을 실천하다 보면, 모이고 모여 많은 에너지를 절약할 수 있을 뿐만 아니라 환경도 지킬 수 있다.

밤하늘에 빛나는 별이 왜 도심에서는 빛나지 않는지 잘 알고 있지 않은가. 우리가 사용하는 밝은 전등들로 인해 지금은 영롱하게 빛나는 별빛을 전혀 보지 못한다. 오늘부터 불을 끄고, 대신 별을 켜자.

요즘은 대부분 형광등이나 백열등을 LED로 바꾸면서 전력을 줄이고 있다. 정부 차원에서도 LED로 바꾸는 기관이 많이 늘고 있다.

형광등 LED로 바꾸기 🏠 집에서

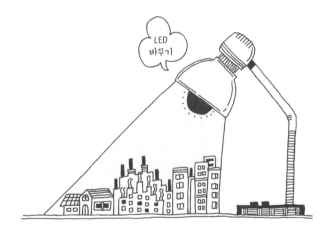

029

LED는 'Light Emitting Diode'의 약자로, 반도체의 일종인 발광다이오드라고 한다. 백열등이나 형광등에 비해 수명이 길고 전력소비량이 적으며, 수은을 사용하지 않아 중금속 오염의 우려가 없다. 수명이 길어 폐기물의 양이 형광등보다 적다는 장점이 있어서 녹색성장 정책의 일환으로 각광을 받고 있다.

전력소비량이 적다는 것은 전기를 조금만 사용해도 된다는 말이다. 석탄과 석유를 이용해 전기를 생산하는 우리나라의 경우, LED 조명을 사용하면 환경오염도 줄어든다. LED는 무척 밝고 환하지만, 넓게 퍼지지 않아서 넓은 곳에서 사용하려면 여러 개를 달아야 하는 번거로움이 있다. 그럼에도 백열등이나 형광등에 비해 훨씬 전력소비가 적으므로 교체해보자. LED 조명은 전기에서 빛으로의 전환 효율이 높아 전기에너지의 90%까지(백열등 5%, 형광등 40%) 빛으로 전환할 수 있는 고효율 조명이다. 심지어 전기도 많이 소모되지 않아서 우리나라처럼 자원이 없는 나라는 일상생활에서 자원과 에너지를 현명하게 사용할 수 있는 좋은 방법이 되며, 친환경적이고 저탄소 녹색사회를 구현하는 녹색기술이라고 말할 수 있다. 모든 형광등을 LED로 교체했다 하더라도 아예 전기를 사용하지 않는 것은 아니므로 사용하지 않는 방의 불은 꼭 꺼야한다.

벽지, 페인트, 가구 등 친환경 인테리어 🏠 집에서

잡지나 SNS를 들여다 보면 이렇게 예쁜 집에서 멋진 인테리어를 하고 살고 싶다는 욕망이 스멀스멀 올라온다. 누구나 깨끗하고 그림같이 예쁜 집에서 살고 싶으니까. 돈을 들여 예쁜 바닥재를 깔고, 벽은 신중하게 고른 아름다운 컬러로 마감한다. 깔끔하지만 고급스러운 가구도 들인다. 그렇게 집은 점점 멋있어지는데, 이상하게 그날부터 머리가 아프고 재채기가 나오고 콧물이 쉴 새 없이 흘러나온다. 심지어 눈이 따가워 잘 떠지지 않고, 목구멍은 침이 넘어가지 않을 정도로 아프다. 이게 다 접착제에 들어 있는 폼알데하이드, 톨루엔 등과 같은 유기화학물질 때문이다.

아름다운 집도 갖고 싶고, 안전하고 건강한 집도 갖고 싶은 게 우리 모두의 바람. 둘 중 하나를 고르라면 나는 후자를 선택할 테지만, 전자도 포기할 수 없다면 친환경 인테리어를 고

030

려하자. 말 그대로 친환경적으로 실내를 장식하는 방법을 말한다. 일단 벽지는 유해물질이 나오지 않는 천연 소재의 벽지를 선택한다. 황토벽지는 미네랄 성분을 많이 함유하고 있어 신진대사에 도움을 준다고 알려져 있으며, 섬유벽지는 보온 및 습도조절에 많은 도움이 된다. 이 외에도 피톤치드, 수성 잉크, 옥수수 등 친환경 소재의 벽지를 선택하는 것도 방법이다.

두 번째로 인체에 해가 없는, 유기용제가 들어가지 않은 친환경 페인트를 고른다. 환경 마크가 부착된 제품이 좋다. 유기용제가 들어가지 않은 페인트는 유기화합물에 대한 대기오염이 일어나지 않는다. 또 저독성이 아닌 무독성 페인트를 고를 것. 저독성이라는 것은 독성이 낮은 것이지 아예 없다는 의미가 아니므로, 무독성이라고 표기된 제품을 구매한다.

세 번째로 주의 깊게 살펴야 하는 것이 가구다. 유해물질이 많이 나오는 MDF 가구나 환경호르몬을 방출하는 플라스틱보다는 유해물질이 적은 원목제품을 이용하는 것이 좋다. MDF 가구는 가구를 만들 때 생기는 톱밥 등을 접착제로 뭉친 후 시트지를 붙여 만드는데 유해화학물질이 많이 나온다. 이 외에도 버려진 유리컵으로 만든 캔들, 쓸모없는 옷걸이로 만든 신발보관대 등 일회용품이나 안 쓰는 제품을 새롭게 이용해 친환경 인테리어를 할 수 있다.

환기로
실내 공기질 UP! 🏠 집에서

　　현대인들은 보통 하루 일과의 90% 이상을 실내에서 생활하므로, 실내 환경이 건강에 미치는 영향은 매우 크다. 에너지 절감 및 효율을 높이기 위해 실내 공간이 더욱 밀폐화되고, 복합화학물질로 구성된 재료들을 주로 사용하는 건축자재들로 인해 '새집증후군'과 같은 실내 공기질 문제가 새로운 환경문제로 대두되고 있다.

특히 불특정 다수가 이용하는 다중 이용시설인 대형점포, 지하역사, 의료기관, 노인요양시설, 산후조리원, 어린이집, 학원 등의 실내 공기질은 더욱 나쁠 수밖에 없다. 어린아이들이 주로 활동하는 어린이집, 유치원 등 노약자가 이용하는 시설은 각별한 주의를 기울여야 한다. 영유아의 경우 성인에 비해 해독 및 배설 능력이 떨어져 실내 공기질 관리를 소홀히 할 경우 알레르기나 복합화학물질 과민증 등과 같은 증상이 나타

031

날 수 있다.

생활 속에서 할 수 있는 가장 대표적인 실내 공기질 관리방법은 철저한 환기다. 적어도 오전과 오후, 하루 두 번 이상 30분씩 환기를 해야 한다. 새 아파트, 새 건축물은 시공한 후 베이크아웃Bake out을 실시하는 것이 좋다. 입주 전 약 7~10일간 보일러를 세게 틀어놓고 문은 활짝 열어서 집안을 데우는 것을 말한다. 실내 공기온도를 높여 건축자재나 마감재료에서 배출되는 유해물질인 유기화합물의 방출량을 일시적으로 증가시킨 후 환기를 해 제거하는 방법이다.

정기적인 청소와 소독도 잊지 말자. 실내 바닥은 수시로 물걸레 청소를 하고 월 1회 이상 천장과 창틀, 방충망 등을 청소한다. 진드기와 곰팡이 서식을 막기 위해 습도는 60% 이하로 유지하는 것이 좋으며, 쿠션, 담요, 봉제 장난감은 뜨거운 물로 정기적으로 세탁하고 햇볕에 말려준다. 이 밖에도 공기정화식물을 키우는 등의 친환경적인 방법으로 실내 공기질을 개선할 수 있다.

에어컨과 선풍기 청소는 2주에 한 번! 🏠 집에서

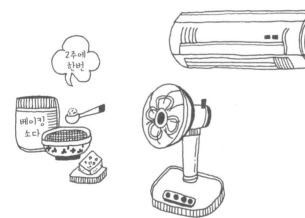

2주에 한번

베이킹 소다

032

여름마다 무더위로 무척 고생을 한다. 이젠 아열대로 기후가 바뀌었나 싶을 정도로 찌는 듯한 더위가 이어지고 스콜과 같은 비가 내린다. 심지어 입추와 처서가 지나도 여전히 에어컨이나 선풍기는 필수가 될 정도. 참고로 에어컨에서 나오는 프레온 가스는 지구 표면에 프레온 가스층을 만들어 복사열이 빠져나가지 못하게 해 지구온난화의 원인이기도 하다.

선풍기와 에어컨을 틀다 보면 먼지가 많이 쌓이는 것을 볼 수 있다. 이 먼지들이 시원한 바람과 함께 날려 우리가 마시면 발열, 어지러움, 천식, 소화불량을 일으키고 목이나 코를 자극해 알레르기성 비염, 천식, 아토피성 피부염 등을 유발한다. 먼지는 알레르기를 일으키는 집먼지진드기의 온상일 뿐만 아니라 암 유발물질도 포함되어 있다.

여름철에 선풍기 모터에 먼지가 쌓이거나 에어컨 실외기에 이물질이 끼면서 발생하는 화재도 적지 않다. 에어컨 필터는 먼지로 막히면 공기 흐름이 감소해 팬을 구동시키는 전력이 증가하고 냉방효과도 떨어진다. 하루에 8~10시간 정도 에어컨을 사용한다면, 약 2주 후 풍량은 5% 정도 저하된다. 그러므로 2주에 한 번은 필터를 깨끗이 청소해주는 것이 좋다.

선풍기는 청소하려면 일단 분리해야 하고, 에어컨은 본체를 열거나 필터가 있는 부분을 찾아내서 열고 필터가 상하지 않게 분리한다. 분리한 에어컨 필터나 선풍기 날개와 덮개는 따뜻한 물에 베이킹소다 한 스푼을 넣어 녹인 베이킹소다 물로 수세미나 부드러운 헝겊을 이용해서 잘 닦아낸다. 그리고 깨끗한 물로 헹군다.

필터는 망가질 위험이 있으니 너무 세게 닦지 말고, 살살 조

에어컨과 선풍기 청소는 2주에 한 번!

심스럽게 닦아 샤워기 등을 이용해서 깨끗이 헹군 후 마른 걸레 등으로 닦아 그늘에서 완전히 말린다. 환기구나 본체는 물로 닦는 것보다는 에탄올과 같은 알코올로 닦는 것을 추천한다. 환기구 부분을 열어서 골고루 뿌린 후 마른 헝겊으로 닦아내면 아주 깨끗해진다. 선풍기와 에어컨 청소로 환경보호와 경제성까지 두루두루 누려보자.

에어컨과 선풍기는 짝꿍, 함께 사용하기 🏠 집에서

　　이제 여름이 되면 에어컨 없이 사는 것이 끔찍하다고 생각할 정도가 됐다. 앞에서 말했듯, 에어컨 역시 지구온난화의 원인이지만, 그렇다고 없이 생활하자니 아무런 일도 할 수가 없다. 그러므로 에어컨을 사용하되, 조금이나마 온실가스를 덜 배출하는 방법을 알아보자.

여름철 냉방온도는 평균 26~27℃를 유지한다. 외부온도와 5℃ 이상 차이나지 않게 하는 게 핵심. 이때 선풍기를 같이 사용하면 에어컨으로부터 나오는 냉기가 실내에 고루 퍼지므로 훨씬 빨리 온도가 내려가고 시원하다. 선풍기는 풍량에 따라 전력소비량에 차이가 있는데, 가능한 미풍으로 사용하는 것이 바람직하다. 특히 천장에 달린 선풍기 팬이 있으면 공기의 흐름이 원활해져서 더 시원하다. 그래서 동남아시아에 그렇게 천장 팬이 많았나 싶다.

033

선풍기는 장시간 가동하면 과열된 모터에서 발생하는 열로 인해 냉방효과가 떨어진다. 이때 선풍기에 다 마신 음료수 캔이나 맥주 캔(알루미늄 캔)을 압축시킨 후 테이프 등을 이용해서 선풍기 뒤쪽 모터에 고정시켜보자. 간단한 방법이지만 선풍기 모터의 온도를 약 10℃까지도 낮출 수 있다. 여러 개 붙일수록 효과가 커지는데 알루미늄 캔이 모터의 열을 흡수하기 때문이다.

철제 망과 아이스팩을 이용해도 된다. 선풍기 앞부분에 철제망을 설치하고 그 위에 아이스팩이나 얼음주머니를 올려두면, 마치 에어컨을 틀어놓은 듯 차가운 바람을 느낄 수 있다. 선풍기 바람이 얼음을 통과하며 공기 자체가 차가워지기 때문이다. 선풍기 방향을 창문 쪽으로 향하게 하는 것도 방법. 실내의 뜨거운 공기가 바깥으로 배출되기 때문에 실내온도를 빨리 내릴 수 있다. 외출하고 집으로 돌아왔을 때 이를 활용하면 단 10분 만에 실내온도를 약 3℃ 낮출 수 있다.

에어컨 냉매가 30% 부족할 경우, 224~394KWh/년의 전기가 더 소모된다. 주기적으로 점검하여 보충하는 것 역시 중요하다.

외출할 때 보일러는 '외출'로!

🏠 집에서

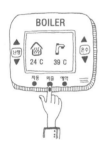

034

겨울철 외출할 때 보일러 전원을 끄고 나가는 사람들이 은근히 많다. 아무도 없는데 계속 보일러가 돌면 난방비가 많이 나올 거라는 걱정 탓이다. 하지만 그렇게 하면 더 많은 난방비가 나오고 에너지도 더 많이 소모된다.

장시간 집을 비워 놓는 것이 아니라면, 자주 껐다 켰다 하는 것보다 일정 온도에 맞추어놓는 게 더 효과적이다. 외출 버튼을 누르거나, 온도를 가장 낮은 '저'로 맞추는 것이다. 보일러 전원을 꺼버리면 집 안이 차가워지는데, 돌아온 뒤 보일러를 켜서 빨리 실내온도를 높이다 보면 더 많은 에너지가 소비된다.

또 보일러가 돌지 않으면 한겨울 한파에 보일러가 동파될 위험성도 크다. 그러므로 잠깐 외출할 때는 보일러를 끄는 것보다 외출 버튼을 누르거나 평상시 온도보다 2~3°C 정도 낮게 설정해 난방비를 절약하자. 난방비를 절약하는 것이 곧 에너지를 절약하는 일.

난방비는 많이 나오는데 실내가 따뜻하지 않다면 보일러 내부와 난방배관을 살펴봐야 한다. 정기적으로 청소하지 않으면 배관에 이물질이 쌓여 온수의 흐름을 막고 난방효과를 떨어뜨린다. 보일러 내부 청소는 1년에 두 번, 배관 청소는 3년에 한 번씩 해주면 에너지 효율도 높이고 난방비도 10% 절약할 수 있다.

겨울철엔 카펫이나 러그 깔기

🏠 집에서

우리 집에는 가구가 별로 없다. 흔히 사용하는 소파도 없다. 아이가 워낙 집먼지진드기에 반응이 심했기 때문에 청소가 용이하도록 가구나 잡다한 것을 두지 않는 편이다. 그래서 겨울에 그냥 바닥에 앉으면 매우 차가워 거실에 면으로 된 러그를 깐다. 아이들이 어릴 때부터 거실에 함께 누워 TV를 보는 것을 좋아했다. 많이 컸음에도 거실 러그 위에서 남편의 양다리에 하나씩 머리를 괴고 누워 있는 아이들의 모습을 보면 절로 미소가 지어진다.

겨울철 난방비를 아끼려고 많은 사람들이 하는 가장 큰 실수를 꼽자면, 보일러 온도를 높이는 대신 방마다 전기장판이나 온풍기 등의 전열기를 사용하는 것이다. 전열기를 잘못 사용하면 실제 난방비보다 전기료가 더 많이 나올 수 있다. 이럴 때는 거실에 러그나 카펫을 깔면 따뜻하게 보낼 수 있다.

035

겨울철 실내 적정온도는 18~20°C. 온수 온도로 설정할 경우 50°C 미만으로 맞추면 충분하다. 전열기를 사용하는 것보다 적정온도로 보일러 온도를 높여 난방을 한 뒤, 높아진 실내온도를 유지하는 게 난방비 절약에 더 도움이 된다. 바닥에 카펫이나 러그 등을 깔면 보일러의 온기가 오래 유지된다.

꼭 전열기를 사용해야 한다면, 어느 정도 따뜻해진 뒤 바로 전원을 끄고, 외출 시에는 반드시 플러그를 빼두자. 에너지를 절약하면서도 따뜻한 겨울을 보낼 수 있는 방법이다.

어릴 때 살던 집은 바닥은 따뜻한데 자고 나면 코끝이 시릴 정도로 집 안으로 황소 같은 바람이 들어왔다. 엄마는 겨울이 오기 전 집부터 점검했다. 문이나 창문이 들뜨는 곳은 없는지, 문풍지를 사다가 창문 주변을 촘촘히 막았다.

겨울철
외풍 막기 🏠 집에서

036

외풍이 굉장히 심한 곳은 비닐을 사다가 붙이기도 했다. 그럼에도 어디서 그런 황소바람이 들어오는지, 연탄보일러를 돌리는 바닥은 절절 끓는데, 늘 얼굴은 차가웠던 기억이 난다.

창문 주변 외풍만 잘 막아도 난방비를 절약할 수 있다. 창틀에는 문풍지를 꼼꼼히 붙여준다. 창문에 분무기로 물을 뿌린 뒤 뽁뽁이(에어캡)를 붙이고 커튼까지 달면 외풍과 냉기를 완전 차단할 수 있다. 방 안의 따뜻한 공기가 식는 것도 막아준다. 이렇게 뽁뽁이를 붙이면 실내온도가 무려 2~3℃나 높아진다. 보일러 온도를 1℃ 낮출 때마다 난방비가 무려 약 7% 절감되므로, 뽁뽁이를 붙여 실내온도를 3℃ 올리면 난방비를 21%나 줄일 수 있다. 만약 한 달 난방비가 10만 원일 경우, 매달 2만 원 정도 줄일 수 있는 셈.

침대를 이용한다면 난방 텐트를 이용하는 것도 좋다. 난방 텐트란 침대 위에 모기장처럼 설치할 수 있는 텐트를 말한다. 집에서 캠핑하는 기분도 낼 수 있어 아이들 방에 설치해주면 무척 좋아한다. 이를 설치하는 것만으로도 찬바람은 막고 따뜻한 온기는 훈훈하게 보존되기 때문에 난방비를 상당 부분 절약할 수 있다. 텐트 내부가 외부보다 약 2~3℃ 정도 높아서 자는 동안 체온을 유지하는 데도 효과적이다.

겨울철에 난방을 하면 제일 먼저 코와 목이 건조해진다. 공기 중 수분이 따뜻한 난방으로 인해 쉽게 증발되기 때문이다. 그래서 나는 방마다 깨끗한 물을 적신 젖은 수건을 걸어둔다.

에너지를 절약하고 난방효과 높이는 방법

 집에서

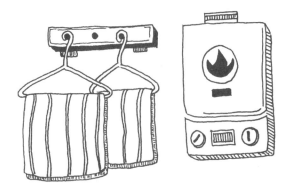

037

깨끗한 물을 받아 젓가락을 올려놓은 후 거즈나 키친타월 등을 올려두는 것도 방법. 그러면 거즈나 키친타월을 타고 수분이 올라와 기화하면서 천연 가습기 역할을 한다.

가을에 산에서 주워온 솔방울을 물에 담가두면, 수분을 머금은 솔방울이 오므라드는데 이것을 침대 머리맡에 두는 것도 좋다. 아침이 되면 솔방울이 수분을 다 날리고 원래의 상태로 벌어진다. 거실이나 신발장엔 숯을 두어 가습과 탈취를 해보자.

가습기와 보일러를 함께 사용하면 더 효율적인 난방이 가능하다. 가습기에서 발생되는 수증기가 열로 데워지면 공기순환이 빨라져 열의 전달이 효율적으로 이루어지기 때문. 빠른 시간 안에 온도를 높일 수 있다. 뿐만 아니라 가습기는 건조한 실내 습도를 높여주기 때문에 호흡기 질환을 예방하는 데도 큰 도움을 준다.

겨울이면 난방으로 집안이 건조해져서 빨래를 걸어두는 사람들이 많다. 이때 세탁 시 헹굼을 한 번 더 할 것을 권한다. 잔여 세제가 남아 있으면 세제 날림과 함께 인체에 들어와서 호르몬을 교란시키는 내분비계 장애물질로 작용할 수 있기 때문이다.

외출할 때 전기매트의 전기코드 확인하기 🏠 집에서

　　어느 날, 퇴근을 하는데 사람들이 아파트 위를 쳐다보며 웅성대고 있었다. 심상치 않은 분위기에 올려다보고 경악을 금치 못했다. 아파트 7층 베란다에서 시커먼 연기가 뭉게뭉게 올라가고 있는 것이 아닌가. 심지어 우리 집과 같은 라인이었다.

사이렌을 울리며 소방차가 몇 대 도착했고, 소방대원들이 일사분란하게 아파트 계단을 오르고 있었다. 조금 전 집에 도착했다던 큰아이의 문자가 생각이 나서 머리가 하얘졌다. 엘리베이터가 폐쇄됐고 비상계단으로 올라가려던 나는 소방대원들의 저지로 올라가지 못했다. 다행히 아이는 무사하다고 했지만, 1층으로 내려올 때까지 마음을 놓지 못했고, 아이를 보자마자 다리에 힘이 풀리고 말았다.

계단으로 올라간 소방대원들은 불이 난 그 집으로 들어가려

고 했으나 아무도 없어서 진입에 어려움을 겪었다. 덕분에 인명사고는 없었지만 불이 다른 집으로 번질 수도 있었기 때문에 잠겨 있는 현관문을 뜯어내고 소방대원들이 진입할 수밖에 없었다.

나중에 들어 안 사실이지만, 겨울철에 흔히 사용하는 전기매트가 과열되어 불이 났다고 한다. 전기매트는 내부에 있는 열선에서 열이 발생하기 때문에 빨리 따뜻해지지만, 과열이 되면 불이 날 수 있으므로 외출할 때 반드시 코드가 빠져 있는지 확인해야 한다. 특히 라텍스 침대에서 전기매트를 사용하면 화재가 나므로 절대 사용해서는 안 된다.

겨울이면 전기매트(전기장판)를 살지, 온수매트를 살지 고민이 많다. 둘의 가장 큰 차이는 열을 발생시키는 원리에 있다. 전기매트는 매트 내부에 있는 열선에서 열이 발생하고, 온수매트는 별도의 보일러에서 물을 데운 후 뜨거워진 물을 호스를 통해 매트 내부로 보내 순환시킨다. 이로 인해 전기매트는 빨리 따뜻해지는 대신 빨리 식으며, 온수매트는 천천히 따뜻해지고 천천히 식는다.

온수매트 안전하게 사용하기 🏠 집에서

039

전기매트는 상대적으로 저렴하고 보관과 청소가 용이하며, 거실에서 사용하기 좋다. 반대로 온수매트는 침실에 두기 좋고 전자파에서 비교적으로 안전한 편이며 보온성이 높다. 전기매트는 열선 자체가 전기선이기 때문에 여기서 전자파가 나오지만, 온수매트는 물을 데우는 보일러 부분에서 물을 가열하기 위해 전기를 쓰기 때문에 이 부분에서 전자파가 나온다. 그러므로 온수매트를 사용할 경우 보일러 부분을 발밑에 오도록 두고 간격도 30cm가량 떨어뜨리면 좋다. 전기요금은 한 달간 같은 시간 사용했을 때 전기매트가 온수매트에 비해 약 만 원 정도 저렴한 것으로 나타났다. 꼭 사용해야 한다면, 장단점이 뚜렷한 만큼 선호하는 점을 잘 고려해 선택하는 것이 좋다.

많은 사람들이 온수매트가 화재로부터 안전할 것이라 생각하는데 결론부터 말하면, 아니다. 온수매트에서도 화재가 날 수 있다. 온수매트는 물을 사용해서 열을 내는데 이때 지하수를 사용하면 철분이나 망간 등의 산화물들이 고무호스나 배관에 침전돼 물 순환을 막아 화재로 이어질 수 있다. 그러므로 지하수를 사용하는 지역의 경우 특히 주의가 필요하며, 생수나 정수된 물, 수돗물을 사용해야 한다. 더구나 라텍스 침대를 사용한다면 온수매트는 안전하지 않다. 라텍스는 소재 특성상 열에 약해서 화재의 위험성이 크기 때문이다.

걷기야말로 건강과 환경사랑의 첫걸음. 올해 하루에 만보씩 걷기 시작한 남편은 체형이 바뀌기 시작했다. 한없이 나왔던 배가 들어가고, 몸무게가 줄었으며, 더불어 체력도 무척 좋아졌다. 덕분에 나도 걷기에 동참했을 정도. 나는 세 정거장 이내의 가까운 거리는 무조건 걷고 아파트 계단도 가급적 걸어서 올라다닌다. 엘리베이터를 운행하지 않아도 되니

가까운 거리는 두 발로 걸어 다니기 🚶 외출할 때

040

그만큼 전기를 절약했다는 생각에 뿌듯하다.

핸드폰 앱을 깔아두니, 매일 얼마를 걸었는지 표시가 되어 목표가 생겼고, 계획적으로 바뀌는 스스로를 관찰하는 것도 재미있었다. 그 결과 자연스럽게 몸무게가 3킬로 정도 빠졌다. 이렇게 걸으면 걸을수록, 자동차나 버스를 덜 이용하게 된다. 환경오염도 줄일 수 있고, 내 건강도 챙길 수 있으니 이거야말로 일석이조.

천천히 걸으면 천천히 걷는 대로, 빨리 걸으면 빨리 걷는 대로 운동효과가 있다. 어느 정도의 속도로 걸어야 좋은지 고민하지 말고, 일단 무조건 걸어보자. 스트레스가 많은 날, 업무로 지친 날, 아드레날린의 과분비로 감정이 엉망인 날, 천천히 걷다 보면 생각이 맑아지고 명쾌해져 심신이 평온해지는 것을 느낄 수도 있다. 특히 공원이나 산책로, 등산로, 둘레길 등을 걸으면 자연과 함께 호흡하면서 좋은 공기와 에너지를 흡수할 수 있어 더욱 좋다. 이렇게 환경과 건강은 떼려야 뗄 수 없는 관계.

전문가들은 '인터벌 트레이닝', 즉 80%는 천천히, 20%는 빨리 걷거나 계단을 오르는 등의 고강도, 고부하 운동을 하면 효과가 배가 된다고 말한다. 100분 동안 걷는다고 했을 때, 80분은 천천히 걷고 나머지 20분은 최대한 속도를 높여 뛰듯이 걷거나 계단을 빠르게 오르는 식이다.

자동차 대신 한 달 동안 매일 자전거를 10km씩 타면, 그로 인한 환경효과는 얼마나 될까? 이산화탄소 배출을 무려 11%가량 줄일 수 있다! 일단 배기가스가 줄어들기 때문. 배기가스 중 온실가스의 주범인 이산화탄소가 승용차는 1km당 약 210g 발생하므로 자전거를 10km 타면 한 달간

자동차 대신
자전거 이용하기 외출할 때

041

63kg의 이산화탄소가 감소된다. 이는 소나무 5.25그루가 1년 동안 흡수하는 이산화탄소의 양이다.

건강을 위해, 환경을 위해 자전거를 샀다가도 열망으로 불타던 시간이 지나면 흐지부지될 때가 많다. 그래서 자전거 장만하는 게 망설여지는 경우가 많을 것이다. 걱정하지 말자. 자전거를 굳이 구입하지 않아도 된다. 전국 지자체에서 운영하는 공공자전거 대여 서비스가 있기 때문. 대표적으로 서울시에는 '따릉이'가 있다. 따릉이 대여소는 서울 시내 곳곳에 있어 찾기가 무척 편하다. 홈페이지에 접속하면 대여소 위치와 거치율까지 실시간으로 쉽게 확인이 가능하고, 이용권 구매와 이용안내 등 다양한 정보를 파악할 수 있다. 미리 가입해놓으면 이용할 때 편리하다.

자전거를 타면 건강에 좋다는 것은 모두가 아는 사실. 무릎관절이 좋지 않은 사람들도 유산소 운동으로 자전거를 타면 좋다. 또 도심 속을, 강변을 따라 자전거도로를 달리다 보면 스트레스가 날아가 그야말로 힐링, 그 자체다. 이렇게 자전거는 육체적 건강뿐 아니라 정신적 건강에도 많은 도움을 준다. 오늘부터 에너지도 절약하고 대기환경에도 기여할 수 있는 '자전거 대여해서 타기'를 실천해보자. 이 작은 실천이 건강한 지구별을 만든다는 것 잊지 말길!

쨍한 추위가 찾아온 겨울, 10층에서 바라본 바깥세상이 뿌연 먼지 속에 뒤덮여 있다. TV에서는 연일 미세먼지 주의보가 쏟아진다. '삼일은 춥고 사일은 따뜻하다'는 '삼한사온'도 이젠 옛말. 요즘은 다들 우스갯소리로 '삼일은 춥고 사일은 미세먼지'라는 뜻의 '삼한사미'라고 이야기한다.

뿌옇게 뒤덮인 세상을 보고 있자니 어릴 때 보던 만화가 생각난다. 철이와 메텔이 나오던 〈은하철도 999〉. 뿌연 먼지와 모래바람이 뒤덮고 있던 지구별. 몇 해 전 개봉했던 영화 〈인터스텔라〉도 떠오른다. 대지를 뒤덮어버리던 모래먼지 폭풍이 이젠 더 이상 영화나 만화 속 이야기가 아니라, 대한민국의 현재 모습이다. 게다가 봄에만 있었던 황사도 이제는 시도 때도 없이 불어오고.

정부에선 미세먼지 저감정책을 발표하고 어떻게든 공기의 질을 높이려고 노력 중이다. 그렇다면 개인인 우리가 할 수 있는 일은 없을까? 먼지는 대기 중에 떠다니거나 흩날려 내려오는 입자상 물질을 말한다. 먼지와 미세먼지는 석탄, 석유 등의 화석연료를 태울 때나 공장, 자동차 등의 배출가스에서

042

많이 발생한다. 그러므로 자동차 운전을 덜하고 대중교통을 이용하는 일이 우리가 가장 빨리 할 수 있는 실천법이다.

미세먼지 발생원은 자연적인 것과 인위적인 것으로 구분된다. 자연적 발생원에는 흙먼지, 바닷물에서 생기는 소금, 식물의 꽃가루 등이 있다. 인위적 발생원에는 보일러나 발전시설 등에서 석탄, 석유 등 화석연료를 태울 때 생기는 매연, 자동차 배기가스, 건설현장 등에서 발생하는 날림먼지, 공장 내 분말 형태의 원자재, 부자재 취급 공정에서의 가루 성분, 소각장 연기 등이 있다.

미세먼지 배출량이 가장 많은 배출원은 제조업의 연소공정이며, 그다음으로 자동차를 비롯한 이동오염원에서 많이 배출된다. 자동차 대신 대중교통을 일주일에 한 번씩만 이용해도, 1년이 지나면 159그루의 어린 소나무를 심는 효과와 같다(CO_2 흡수 기준). 1년 동안 313,418원 정도의 비용도 절감할 수 있다.

환경부에서 발표한 '교통수단별 온실가스의 배출량' 자료를 살펴보면, 한 사람이 1km의 거리를 이동할 때 배출하는 이산화탄소의 양은 버스가 27.7g인 것에 비해, 승용차는 무려 210g이나 된다. 따라서 승용차 대신 대중교통을 이용할 경우, 우리는 연간 445kg의 이산화탄소 배출을 줄일 수가 있는 것.

개인 컵과
텀블러 사용하기 🏃 외출할 때

요즘은 커피숍에서 텀블러나 개인 컵을 사용하는 사람들을 쉽게 볼 수 있다. 심지어 강연장이나 토크 콘서트장에서도 무분별하게 사용되는 일회용품 등을 줄이기 위해 개인 컵을 지참해야 하는 곳이 늘고 있다. 이처럼 많은 사람들이 무분별하게 버려지는 플라스틱이나 일회용품이 지구를 힘들게 한다는 것을 잘 알고 있다. 지구를 지키기 위해 나부터 습관을 바꾸어야 한다 느끼고 실천하는 것 같아 보는 내내 흐뭇하다.

통계에 따르면, 무려 1분마다 트럭 한 대를 가득 채우고도 남을 만큼의 많은 플라스틱 쓰레기가 바다에 버려진다고 한다. 환경전문가들은 이 속도로 꾸준히 오염이 진행되면 50년 후에는 지금보다 무려 4배 이상 많은 해양 플라스틱 쓰레기가 넘쳐날 것이고, 수많은 바다생물이 죽게 될 것이라고 경고한다.

043

플라스틱이 발명된 건 1846년, 200년이 채 안 되었다. 하지만 플라스틱이 분해되는 데는 500년이 걸린다. 다시 말해 처음 발명된 플라스틱조차도 썩지 못하고 지금 어딘가에 존재한다는 뜻. 지난 200년 동안 사용된 수많은 플라스틱들을 어떻게 해야 할지 막막하기만 하다.

정부 차원에서 플라스틱의 양을 줄이기 위해 매장 내 플라스틱, 일회용 컵 사용을 금하고 있다. 테이크아웃할 때 텀블러를 가지고 가면 할인도 해준다. 커피숍에서 10번 정도 텀블러를 사용하면, 아메리카노 한 잔은 충분히 마실 수 있는 셈. 일회용 컵을 쓰지 않으려고 노력했을 뿐인데, 경제적으로도 도움이 되어 무척 뿌듯하다. 결국 나의 이익이 지구를 위한 이익이다. 우리가 사는 지구가 플라스틱으로 뒤덮이지 않도록, 오늘부터 개인 컵과 개인 텀블러 사용하기!

저층은 엘리베이터 대신 계단으로!  외출할 때

2018년 여름, 110년 만의 기록적인 폭염이 한반도를 찾아왔다. 연일 지속되는 무더위로 강원도 홍천은 낮 최고 기온이 41℃까지 올랐고, 기차의 선로가 변형되거나 시내버스 타이어가 폭발하는 등의 사고가 발생했다. 유난히 더웠던 날씨로, 열사병과 같은 온열질환자가 급증하기도 했다.

폭염으로 인한 피해는 세계 곳곳에서 이어졌다. 미국 캘리포니아와 포르투갈은 폭염으로 산불 피해와 홍수 등의 자연재해가 발생해 고통을 받기도 했다. 사상 최악의 더위와 기후변화로 인한 자연재해는 지금도 계속되고 있다. 2020년 호주에서는 6개월간 산불이 꺼지지 않아, 사상 최악의 재난을 목도하기도 했다.

자연의 경고는 해가 지날수록 더욱 강력해지고 있다. 산업화 이전과 비교해 현재 지구의 평균온도가 약 1℃ 상승했기 때

044

문이라고 한다. 극지방의 빙하가 녹아 해수면이 높아졌으며 폭염, 폭우, 홍수 등 이상기후 현상이 곳곳에서 발생하고 있다. 문제는 이러한 기후변화의 속도가 점점 더 빨라질 것이라는 것.

우리 법인이 있는 가산동은 국가산업단지로, 많은 기업들이 밀집되어 있다. 출근시간에 지하철에서 나오는 사람들이 정말 어마어마하다. 그 많은 사람들이 고층에 있는 사무실로 가기 위해 엘리베이터를 기다리는데, 서 있는 줄이 엄청나게 길다. 그래서 사무실이 저층에 있는 경우, 사람들은 계단을 이용해 걸어서 올라가곤 한다. 이렇게 계단을 이용하면, 기다리지 않아도 되고, 다리도 튼튼해져 건강해질 것이며, 에너지 사용도 줄어들 것이다.

나 역시 아파트 10층에 살다 보니 퇴근할 때는 계단을 자주 이용한다. 별거 아닌 것 같지만, 이게 은근히 운동이 된다. 허벅지에 근육도 생긴다. 최근 이렇게 'BMW 건강법'을 실천하는 사람들이 크게 늘었다. BMW란, 자전거bicycle와 버스bus, 지하철metro, 걷기walking를 생활화하는 것을 말한다. 이런 작은 습관들이 모여 지구온난화를 막는 밑거름이 된다는 것, 꼭 기억하자.

플라스틱 빨대 대신 친환경 빨대 이용하기 🚶 외출할 때

　　플라스틱 중 가장 많이 사용되는 것이 바로 빨대가 아닐까. 특히 작년에는 흑당이 들어간 음료가 유행했는데, '펄'이라고 불리는 타피오카 알갱이까지 들어 있어서 빨대로 쪽쪽 빨아먹는 맛이 일품이다 보니 유독 커다란 빨대가 여기 저기 사용됐다.

혹시 빨대가 재활용이 되지 않는다는 사실을 알고 있는가. 플라스틱이기는 하지만 부피가 워낙 작아 재활용 대상이 아니다. 사용 후 무조건 생활폐기물통으로 직행한다. 이렇게 버려지는 빨대는 얼마나 많을까. 어마어마할 것이다. 매장 내에서 플라스틱 컵이나 일회용 컵을 사용하지 않더라도 유리컵에 딸려 나오는 빨대는 그대로다. 최근 일부 매장에서는 종이빨대나 옥수수로 만든 생분해가 좋은 빨대 등으로 대체했지만, 아직도 많은 곳에서 플라스틱 빨대를 사용한다.

045

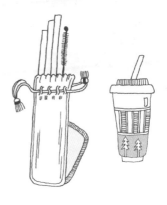

요즘 젊은 엄마들 중 아이를 위해 실리콘 빨대를 들고 다니는, 환경의식 있는 사람들이 있어서 감탄을 자아낸다. 휴대용 친환경 스테인리스 빨대를 들고 다니는 열혈 운동가들도 있다. 매일 씻고 가방에 넣어 다녀야 하는 불편함은 있지만, 불편함을 감수하고 지켜낸 환경을 후대에 물려줄 수 있다면 기분 좋게 감내할 수 있지 않을까.

의외로 우리 주변에는 대의를 위해 불편함을 감수하는 이들이 무척 많다. 인류는 지구를 보금자리 삼아 살아가고 있다. 이 보금자리를 더 이상 쓰레기 더미로 만들지 말자. 그런 의미에서 음료를 마실 때 꼭 빨대가 필요한지 한번쯤은 고민해볼 문제다.

겨울에 내복 챙겨 입기  외출할 때

어렸을 때 내복이라고 하면 '에어메리'라고 불리던 두툼한 내복과 면 100%로 된 내복이 전부였다. 따뜻하긴 한데 신축성이 떨어지고 수분흡수도 느렸다. 게다가 옷맵시가 전혀 나지 않아서 첫 월급을 타면 어른들에게는 선물하면서 정작 자신들은 입지 않았다. '겨울 멋쟁이는 내복을 입지 않는다'라는 우스갯소리도 있었다.

하지만 요즘은 내복이 무척 다양하게 나온다. 소재 개발로 선택의 폭이 넓어졌고, 많은 사람들이 내복을 입기 시작했다. 정말 반가운 소식이 아닐 수 없다. 머리카락의 1/10인 극세 마이크로 아크릴 섬유를 사용해서 단열효과를 높이고, 신축성과 흡습성도 일반 내의보다 탁월하다.

요즘 많이 입는 발열내의는 몸에서 나오는 열과 수증기를 옷이 흡수해 열에너지로 전환하는 게 특징이다. 그러므로 발열

046

내의를 입었다면 움직이는 것이 좋다. 발열내의는 특정한 조건에서 열을 내는데, 그 원리가 다양하지만 가장 흔한 방식은 수분을 흡수하는 흡습발열이다. 기능성 섬유가 몸에서 나오는 땀이나 수증기를 흡수해 열에너지로 바꾸고 열이 빠져나가지 않도록 가두는 방식이다. 이 때문에 활동량이 많고 적당히 땀이 나는 사람이 입어야 보온효과가 높다.

주로 실내에서 활동한다면 비싼 기능성 내의보다는 공기층을 형성해 보온력을 높이는 일반 내의를 입는 것이 낫다. 야외활동 시간이 길면 광 발열을 활용한 내의도 효과적이다. 햇빛의 원적외선에 노출되면 섬유 속 분자들이 서로 충돌하면서 열을 만들어낸다. 최근에는 몸에서 나오는 복사열을 이용해 보온력을 높이는 발열내의도 등장했다.

내복을 입으면 체감온도가 3℃ 정도 올라가는 효과가 있다. 전 국민이 내복을 입고 난방온도를 3℃ 낮출 때 얻을 수 있는 에너지 절감효과는 무려 1조 8천억 원. 또 1,021만의 이산화탄소 배출량도 줄일 수 있다. 실내에 있더라도 내복과 양말을 꼭 챙겨 난방비와 에너지를 함께 절약하자.

아이들 학교에서 급식 모니터링 봉사를 한 적이 있다. 이때 아이들이 엄청난 양의 잔반을 남긴다는 것을 알게 됐다. 큰아이 학교에서는 잔반을 줄이기 위해 남기지 않는 아이에게 매달 상을 주는 이벤트를 진행하기도 했다.

오늘 급식을 먹을 만큼 받아서 잔반을 남기지 않았다면, 당신

**잔반 NO,
급식은 먹을 수 있는
만큼만!** 🖊 학교에서

047

은 오늘 지구를 위해 무척이나 큰일을 한 것이다. 음식은 모자라는 게 더 낫다. 더 가져와서 먹으면 되니까. 많이 가져오면 문제가 된다.

음식물쓰레기는 전체 생활쓰레기 발생량의 29%나 차지한다. 그중 70%는 가정과 학교, 소형 음식점에서 발생한다. 우리가 집에서, 혹은 음식점에서 조금만 신경 쓴다면 음식물쓰레기를 크게 줄일 수 있다.

전 국민이 음식물쓰레기 20%를 줄이면 연간 온실가스는 177만tCO_2가 감소한다. 승용차 47만 대가 소비하는 이산화탄소 양이고, 소나무 3억 6천만 그루가 흡수하는 이산화탄소 양이며, 에너지는 연간 18억KWh 절약된다. 또 보일러 등유 226만 드럼의 전력이 절약되고 1억 8,600만 장의 연탄으로 39만 가구가 겨울을 날 수 있는 양이다.

어쩔 수 없이 음식물쓰레기가 나왔다면 다음과 같은 방법으로 배출해야 한다. 음식물쓰레기의 약 80%는 수분이기 때문에 가급적 수분을 제거하여 배출한다. 또 음식물이 아닌 이물질이 혼입되지 않도록 하며, 큰 덩어리의 폐기물은 크기를 작게 해서 배출하면 수집, 운반에 용이하다. 파쇄가 어렵거나 이물질이 섞여 있는 것, 유해물질이 포함된 것은 일반 쓰레기 종량제봉투로 배출해야 한다. 먹을 만큼만 덜어 와서 잔반 남기지 않기, 가장 손쉬운 환경운동이다.

학용품 사 모으기는 이제 그만

✍️ 학교에서

초등학교, 중학교, 고등학교, 대학교에 이르기까지 꼭 사용하게 되는 것이 바로 학용품이다. 필기도구를 좋아하는 친구들은 심지어 학용품을 사서 모으기까지 한다. 책가방 속 화려한 색상의 학용품들. 과연 안전할까? 결론은 아니다. 화려한 색상을 내기 위해 사용되는 안료나 페인트에 납, 카드뮴, 크롬과 같은 중금속이 들어 있을 가능성이 농후하다. 지우개처럼 말랑말랑한 재질을 내려면 플라스틱에 프탈레이트와 같은 가소제를 섞어서 사용한다. 프탈레이트는 환경호르몬으로 체내에 축적되면 내분비계를 교란시키는 유사성호르몬과 같은 역할을 한다.

프탈레이트는 DEHP, DBP 등 총 6가지 종류로 나뉘며 유럽연합에서는 DEHP, DBP, BBP 등 프탈레이트 3종의 독성과 유해성을 입증해 2005년부터 생산과 수입을 금지하고 있다. 나머지 DINP, DIDP, DNOP 3종은 아이들이 입에 넣을 수 있는 장난감이나 아동용 제품에 금지하고 있다. 현재 우리나라에서도 아동용품만 규제하고 있어 일반 생활용품은 그야

048

말로 무방비 상태.

질감이 부드럽거나 유연한 학용품은 가소제로 프탈레이트가 쓰였을 가능성이 높다. 부드럽거나 유연할수록 많은 프탈레이트가 포함되어 있다는 뜻. 물리적 마찰이나 열에 의해 프탈레이트가 공기 중으로 빠져나오면, 인체에 지속적으로 노출되므로 악영향을 준다.

우리나라는 2005년 식품 용기에 프탈레이트 사용을 금지했고, 2006년에 플라스틱 재질의 완구 및 어린이용 제품에 DEHP, DBP, BBP 등 3종의 프탈레이트 사용이 전면 금지됐다. 그러나 PVC를 말랑말랑하게 해주는 물질인 DEHP는 치아 발육기나 젖꼭지 등 어린이들이 입에 넣을 수 있는 일부 PVC 완구에 대해서만 사용을 금지하고 있어, 학생들이 사용하는 학용품에 사용된 프탈레이트는 상당히 많을 것으로 추정된다.

성장기 아이들이 프탈레이트에 노출되면 호르몬 교란, 뇌발달 저해, 주의력 결핍, 과잉행동장애ADHD 악화 등에 영향을 주는 것으로 알려져 있다. 또 중금속은 피부를 자극해서 알레르기 반응을 일으킨다. 납, 수은, 카드뮴 등은 지능이나 신경계통 발달을 지연시키거나 방해할 수도 있다. 이런 물질에 노출되지 않는 것이 가장 안전하다. 필요 이상으로 너무 많은 필기도구를 사는 것은 자제하자.

슬라임과 같은 유해물질 사지 않기

✒️ 학교에서

049

초등학교에서 환경교육을 진행하다 보면 쉬는 시간에 아이들이 슬라임, 즉 '액체괴물'을 가지고 노느라 정신이 없는 것을 볼 수 있다. 심지어 중학생, 고등학생, 어른들도 슬라임을 가지고 논다. 예전에는 자연에서 흙을 가지고 놀면서 스트레스를 풀었다면, 요즘 아이들은 슬라임을 가지고 놀면서 스트레스를 푼다고 한다. 그런데 이 액체괴물은 과연 안전할까?

최근 슬라임에서 유해물질이 대거 발견되어 큰 파장을 일으켰다. 산업통상자원부 국가기술표준원은 시중에 유통 중인 액체괴물 148개를 대상으로 조사한 결과, 100개 제품에서 붕소, 메틸이소치아졸리논, 클로로메틸이소치아졸리논과 같은 방부제, 프탈레이트 가소제 등 안전기준치를 초과하는 유해물질이 검출돼 수거 및 회수 명령을 내렸다.

적발된 제품 중 87개는 붕소가 기준치를 초과했고, 이 중 17개는 붕소 뿐 아니라 방부제, 프탈레이트 가소제도 기준치를 넘겼다. 이 외 8개 제품에서는 방부제가, 5개 제품에서는 프탈레이트 가소제가 기준치를 초과한 것으로 확인됐다.

붕소는 눈과 피부에 노출되면 자극을 일으키고 반복적으로 노출되면 생식발달에 문제를 일으키는 유해물질이다. 특히 메틸이소치아졸리논과 메틸클로로이소치아졸리논은 몇 년 전 가습기 살균제에 들어가 폐섬유종을 일으킨, 환경보건시민센터가 접수받은 바에 의하면 사망자가 239명, 심각한 폐질환 형태로 발현된 것이 1,528명에 달하는 대한민국 역사상 최악의 화학참사를 불러일으킨 바로 그 물질이다. 사망자의 대부분은 산모와 영유아였다. 민관합동 폐손상조사위원회에 의하면 살균제 사용자 수를 약 800만 명으로 추산하고 있기 때문에 실제 피해 규모는 더 광범위할 것으로 예상하고 있다. 프탈레이트는 대표적인 환경호르몬으로 몸에 들어오면 여성호르몬으로 인식되기 때문에 내분비계를 교란시킨다.

한국소비자원에 의하면 전국 슬라임 카페 20개소가 사용하는 슬라임과 부재료 100종을 수거해 검사한 결과, 19종이 안전 기준에 부적합하다는 판정을 받았다. 안 좋은 화합물로 만들어진 슬라임을 만지는 대신, 자연에 가서 흙도 만지고 돌도 만지고 나무도 만지는 게 더 좋지 않을까. 슬라임은 말 그대로 환경에도 사람에게도 악영향을 미치는 괴물이다.

청소년은 색조 화장품 사용 금지

✒ 학교에서

초중고 여학생들을 교육할 때 가장 많이 듣는 말이 "선생님, 이 립스틱 색깔 어때요? 예쁘죠? 이건요? 이것도 예쁘죠?"다. 내가 보기엔 다 오렌지색인데 뭐가 다른지 모르겠다.

딸이 있는 엄마들이 하나같이 하는 말이 있다. 집에서 색조 화장품만 몇 트럭은 나올 거라고. 아이브로우와 아이섀도가 수십 개, 거짓말 조금 더 보태서 립스틱은 수백 개, 볼터치는 여러 개, 파운데이션, 트윈케이크, 비비크림 등 얼굴 톤을 조정하는 색조 화장품이 수두룩하다고 입을 모은다.

스트레스를 받으면 립스틱을 산다고 말하는 아이들도 많다. 최근 어른들처럼 짙은 화장을 하는 어린이도 많은데, 조사에 따르면 여자어린이 42.7%가 색조 화장을 해본 적이 있다고 한다. 기본적으로 화장품을 사용하는 가장 중요한 목적은 피부와 모발을 청결하게 하고 건강을 유지하기 위함이다. 그러

050

나 어린이와 청소년들은 어른처럼 보이고 싶어서 화려한 색조 화장품들에 관심이 많다.

화장품은 물을 포함한 수용성 물질, 유용성 물질(오일 및 버터), 계면활성제(가용화제, 유화제, 분산제), 보습제, 증점제, 색소 및 안료(색조 화장품의 기본 재료), 보존제(방부제), 산화방지제, 착향제, 향료 등으로 이루어져 있다. 우리나라는 식품의약품안전처 관리 하에 법적으로 화장품의 생산, 판매(유통), 소비에 이르기까지 각 단계별로 관련법으로 규정하여 안전성 등을 관리하고 있다. 그러나 다양한 화학물질의 혼합물인 화장품이 성장하는 어린이나 청소년들에게도 안전하다고 말할 수는 없다. 성인들도 화장품의 일정 성분에 반응해 피부발진이 일어나거나 두드러기, 알레르기, 가려움증 등이 일어나는 경우가 많기 때문이다.

특히 화장품에 많이 사용되는 것이 타르 색소인데, 이는 석유 잔여물로 만들어지며 일부 성분이 암을 일으킨다고 알려져 있다. 또한 색조 화장품에는 약 20여 종의 안료(색상가루)가 사용되는데, 금속화합물로 이루어져 있어 일부 물질의 경우 납, 카드뮴과 같은 중금속이 함유될 가능성도 있으므로 주의가 필요하다. 특히 입에 닿아 섭취할 수 있는 립스틱, 립글로스, 립틴트의 경우는 피해가 더 클 수밖에 없다. 성장기 어린이의 피부는 어른과 달리 연약해서 외부 자극에 민감하기 때문에 화장품에 들어 있는 일부 성분에 더 쉽게 자극을 받을 수 있다.

외출 후 집으로 돌아오면 반드시 비누로 깨끗이 씻은 후 로션 등으로 피부를 보호해주는 것이 좋다. 그리고 청소년들은 매니큐어, 립스틱, 마스카라, 아이섀도 등 색소나 안료가 들어간 색조 화장품은 가급적 사용하지 않는 것이 좋다. 특히 눈 주위에 바르는 화장품은 안료의 가루 날림으로 인해 눈으로 들어갈 경우 시리고 맵고 충혈이 되는 등 안구질환이 생기기 쉽다. 심한 경우 알레르기성 결막염 등 염증이 생길 확률도 높다. 렌즈를 끼는 경우에는 더욱 조심해야 한다.

전자제품
대기전력 확인하기 🗂 회사에서

　　갑자기 전기료가 많이 나왔다고 생각한 날, 곰곰이 생각해보니 우리 집에 인터넷이 들어오면서 셋톱박스가 생긴 게 떠올랐다. 집에서 전기를 잡아먹는 전기도둑이 바로 셋톱박스다. 전원을 켜지 않아도 한 달에 약 3,000원의 전기요금이 나온다.

전자제품을 직접 쓸 때 발생하는 가동전력과 달리, 대기전력은 전원을 끈 상태에서도 소모되는 전력을 말한다. 제품의 동작과 관계없이 콘센트를 꽂아두면 소모되는 전력이다. 가정집에서 발생하는 대기전력은 약 30W 정도 되는데, 셋톱박스의 대기전력 소모량이 17.39W로 가정용 가전제품 중 가장 높다. 그래서 대기전력 소모량이 적은 셋톱박스로 교환해서 사용하고, TV를 끌 때 셋톱박스의 전원도 함께 끄면 그만큼 대기전력이 낮아져서 전기료를 절약할 수 있다.

051

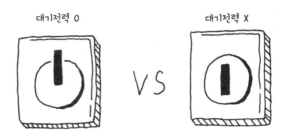

대기전력 O VS 대기전력 X

컴퓨터 등 다양한 전자제품이 있는 회사에서도 마찬가지. 전기를 잡아먹는 전기제품의 대기전력을 꼼꼼하게 확인해보자. 전기제품에는 대기전력을 잡아먹는 제품과 그렇지 않은 제품이 있다. 구별은 전원 버튼으로 확인이 가능하다. 전원 버튼에 그림이 그려져 있는데, 대기전력이 있는 경우 1이 동그라미 밖으로 나와 있다. 전원을 끈 상태라도 전기가 연결되어 있으면 계속 전기가 소모된다는 것을 의미한다. 반면 1이 동그라미 안에 있다면 전기선과 연결되어 있다 하더라도 전원을 끄면 더 이상 전기가 소모되지 않는다.

대기전력 손실만 줄여도 1년 중 한 달 전기료가 절약된다. 그러므로 전자제품을 구입하면 꼭 전원 버튼부터 확인할 것!

사무용품을 사용하다 보면 가장 자주 교체하게 되는 것이 바로 프린터 토너이다. 종이는 이면지도 사용하고 양면인쇄도 하면서 절약하는데, 토너는 아껴 쓴다고 해도 교체시기는 늘 돌아온다.

토너를 구매할 때 다 쓴 토너를 수거해가면서 그만큼 토너값을 빼주는 회사가 많다. 이런 회사는 토너를 돌려받아 잉크나 파우더를 채워서 다시 재생 토너로 판매를 하는, 즉 재활용을 하는 곳이다.

다 쓴 토너 재활용하기

🪪 회사에서

052

그냥 토너를 버리면 무척 아깝다는 생각을 많이 했다. 잉크나 토너 파우더만 다시 채우면 되는데, 겉으로는 멀쩡해 보이는 걸 그냥 버리는 것이 아까웠다. 그래서 나는 토너를 수거해 재생하는 회사를 많이 이용한다. 쓰레기도 줄일 수 있고 토너를 가져가는 만큼 가격도 저렴하니 이익.

환경운동을 하다 보니 사회적 기업을 하는 재제조 제품 운영자도 만나게 된다. 재생제품과 달리 재제조 제품은 낡은 제품을 다시 새 제품으로 재탄생시키기 위해 보다 복잡한 공정을 거친다. 그중 한 토너 카트리지 재제조 제품 생산기업을 알게 되었다. 폐기물로 버려지는 토너 카트리지를 재가공해 재제조함으로써 환경오염을 낮추는 곳이다.

한해 소비되는 토너 카트리지가 10만 개에 이른다고 한다. 이들 중 국내 생산은 거의 없고 절반 이상이 중국산이다. 토너 파우더를 다 쓰고 나면 재사용하지 못하고, 매년 200t이상 환경폐기물로 매립된다. 토너 파우더의 분말 입자가 석유에서 추출한 성분이기 때문에 당연히 환경에 좋지 않다. 반면 재제조 제품을 사용하면 원재료 소비를 절감하고 연간 960t의 환경 폐기물 절감효과도 있다. 가격도 원제품에 비해 40% 선으로 저렴하다. 이렇게 토너를 재생하거나 재제조하는 곳들이 있으니, 구매할 때 알아두면 좋은 팁이 된다.

나무젓가락, 일회용 숟가락 사용하지 않기 📇 회사에서

젓가락을 사용하는 우리나라는 컵라면을 먹을 때, 자장면을 먹을 때, 김밥을 먹을 때 일회용 나무젓가락을 많이 사용한다. 일회용 나무젓가락이 썩는 데만 20년이 걸린다는 사실을 알고 있는가. 뿐만 아니라 인체에도 유해하다. 일회용 나무젓가락은 일반 쓰레기봉투에 담겨 소각되거나 매립된다. 다시 말해 재활용되지 않고 고스란히 버려지는 쓰레기라는 뜻이다. 세계 최대 나무젓가락 생산국인 중국은 연간 약 2,500만 그루 이상 벌목한다. 그로 인해 사막화가 빨라지고 황사까지 심해지는 현상을 낳고 있다.

국립환경과학원 화학물질유해성평가단은 나무젓가락에 사용된 과산화수소와 이황화탄소 등을 유독물질로 구분했다. 이황화탄소의 경우 노출되면 두통과 메스꺼움, 현기증을 유발하고 심하면 사망할 수도 있으며, 과산화수소의 경우 지속적으로 섭취할 경우 혀의 형태변화와 심각하면 장기손상까지 발생한다고 경고했다.

053

나무젓가락 표백에 공업용 과산화수소를 쓰는 곳도 있다. 표백이란 색에 띤 물질의 색을 없애는 것으로, 과산화수소를 사용하면 물질이 산화되어 색을 잃게 된다. 이런 화학물질이 식사도구인 젓가락에 사용된다니, 정말 끔찍하다.

나무젓가락을 전혀 안 쓰고 살면 가장 좋겠지만, 사용해야 한다면 찬물에 헹구어서 사용할 것을 권한다. 특히 뜨거운 물이나 식초에 나무젓가락이 닿으면 유해성이 증가하므로 가능한 국물이 없는 음식을 먹을 때만 사용하고, 국물이 있는 음식을 먹을 때는 국물과의 접촉시간을 줄이면 좋다.

더 안전한 방법은 귀찮더라도 스테인리스 젓가락을 사용하는 것이다. 얼마 전 TV에서 야식을 먹을 때 한 의식 있는 연예인이 자신은 나무젓가락을 사용하지 않는다며 휴대용 숟가락통에서 젓가락을 꺼내 사용하는 것을 본 적이 있다. 이렇게 일회용 나무젓가락 대신, 나만의 젓가락과 숟가락만 사용해도 지구의 사막화를 막을 수 있다.

종이컵
사용하지 않기 🗂 회사에서

　　2014년 관세청 보고서에 따르면, 우리나라의 커피 원두 수입량은 6,127t으로 1인당 연간 298잔의 커피를 마시는 것으로 추정하고 있다. 날로 증가하는 커피 소비량과 비례해 일회용 종이컵 사용량도 크게 늘고 있다. 환경부 조사에 따르면 2015년 커피 전문점에서 사용한 일회용 종이컵은 2억 8,642만 71개로, 회수되거나 재활용된 종이컵은 63.1%에 불과하다고 한다. 다시 말해 재활용이 가능한 1억 569만 1,636개의 일회용 종이컵이 그냥 버려진 셈이다.

편리하다는 이유로, 혹은 습관적으로 일회용 종이컵을 너무 많이 사용하고 있는 것은 아닌지 돌아보게 된다. 한해에 우리나라 전체 인구가 사용하는 종이컵의 양은 무려 120억 개 이상이라고 한다. 대량 소비된 일회용 종이컵을 다시 만드는 데는 자그마치 1,000억 원 이상의 비용이 필요하다.

054

일회용 종이컵 생산비용과 비례하여 자연훼손도 심각하다. 자료에 따르면 일회용 종이컵을 만들기 위해 베어내는 나무가 1,500만 그루에 달하고, 일회용 종이컵 생산과정에서 발생하는 이산화탄소가 약 13만 2,000t에 이른다고 한다. 이 과정에서 발생한 이산화탄소를 줄이려면 1년간 심어야 할 나무가 무려 4,725그루나 된다고 하니 정말 놀랍지 않은가? 일회용품을 사용하면 편리하지만, 수많은 자연훼손과 환경오염이 뒤따른다.

일회용 종이컵의 경우 30년이 지나도 썩지 않고, 1t의 종이컵을 만들려면 20년생 나무를 무려 20그루 베어내야 한다는 것을 기억하자. 한 번 쓰고 버린 종이컵은 일회용이지만, 베어낸 나무가 다시 성장하기까지는 20년이라는 긴 시간이 소요되는 것이다.

이처럼 습관적으로 사용하고 버린 일회용품이 우리의 환경을 위협하는 주범이 된다는 사실! 처음에는 번거롭고 귀찮겠지만 작은 습관 하나만 바꾸면 환경도 보호하고 우리의 건강도 챙길 수 있다. 일회용 종이컵보다는 개인 컵(머그잔)을 사용하고, 외출할 때는 텀블러를 챙기자. 환경을 보호하는 생활 속 작은 실천이 일상에 자리 잡으면 이산화탄소 감축뿐만 아니라 쓰레기 배출량을 줄이는 데도 큰 도움이 될 것이다. 오늘부터 나무를 베지 않는 착한 컵 사용에 동참!

A4 용지 한 장을 만드는 데 재배, 유통 등에 소비되는 물이 약 10L나 된다. 한 사람이 평생 사용하는 종이의 양은 소나무 약 87그루에 달하며, 너무나 쉽게 쓰고 버리는 A4 용지의 1인당 사용량은 연간 8,000장에 이른다. 그럼에도 불구하고 우리나라의 목재 자급률은 6%밖에 되지 않는다고 하니, 종이 한 장일지라도 아껴 써야 한다.

이면지 사용이나 재생용지 사용과 같이 종이 사용량을 줄이기 위해 실생활에서 쉽게 실천할 수 있는 방법은 많다. 최근 대학생들이 과제를 제출할 때 종이 사용을 줄이기 위해 겉표지를 따로 제작하지 않는 것도 좋은 방안으로 제시되고 있다. 일부 대기업에서는 보고서 작성도 파일로, 보고도 이메일로 하고, 쉽게 버려지는 서류봉투도 다시 사용함으로써 종이 사용량을 줄이고 있다.

환경단체인 녹색연합에서는 4월 4일을 "A4 Free Day! No Paper Day!"로 정했다. 나무를 심는 식목일을 하루 앞두고, 종이를 절약하기 위해 이날 하루 종이를 쓰지 말자는 의미에서 만들어진 날이다. 나무를 심는 것도 중요하지만, 그보다 나무를 베지 않는 예방적 실천이 더욱 중요하기 때문이다.

종이 사용량 줄이기 🏢 회사에서

055

산에 나무를 심으러 가지 않고도 생명의 나무를 심을 수 있는 방법, 종이를 한 장 덜 쓰면 그만큼 나무를 심는 일이 된다. 식목일에 심는 나무는 아직 어린 묘목이지만 종이를 쓰지 않음으로 살릴 수 있는 나무는 30년 이상 햇빛과 물을 머금고 자란 원목이다. 제지회사들은 종이를 만들기 위해 자신들이 벤 나무의 수만큼, 혹은 그 이상의 나무를 새로이 심는다는 이유로 대규모 벌목을 정당화하곤 한다. 하지만 그렇게 심은 대부분의 나무들은 자라는 중에 죽고, 종種이 한정되어 있기 때문에 다양한 나무들이 자라는 천연 숲을 형성하지는 못한다. 또 나무 성장을 촉진하기 위해 사용한 화학약품 탓에 제지회사들이 조성한 숲에서 생물들을 보기란 쉽지 않다.

하루에 A4 종이 한 장을 덜 쓰면 아름드리 나무 한 그루를 살린 것과 같다. 그 나무가 뿜어낸 산소로 세상은 조금 더 맑게 바뀔 것이다. 또 그 나무에 기대 사는 딱따구리 가족을, 수많은 곤충들을 살린 것이다. 종이를 만드는 데 드는 에너지도 줄인 것이다. 종이를 표백하느라 쓰는 유독약품에 강이 오염되는 것을 막은 것이다. 우리가 쓰지 않은 만큼 생명은 살아난다. 녹색은 생활이며, 실천이다!

"핸드타월은 한 장으로 충분해요." 공중화장실에서 이 문구를 본 적 있을 것이다. 손에 거품을 내고 손가락 사이사이, 손바닥과 손끝을 열심히 씻고 헹군 다음 핸드타월로 마무리하면 무척이나 상쾌하고 깔끔하다. 그러나 이 종이 타월 100매를 생산할 때 발생하는 이산화탄소가 240g이다.

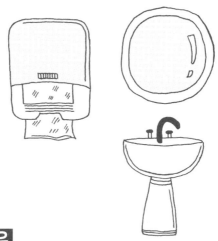

핸드타월은
한 장만 사용하기 회사에서

056

온실효과를 일으키는 원인의 50%를 이 이산화탄소가 차지한다. 1년에 지구에 사는 사람들이 대기 중에 배출하는 이산화탄소가 60억t에 달한다고 한다. 이산화탄소는 주로 석탄, 석유, 천연가스 등의 화석 연료를 태우거나 산림이 불에 타거나 벌채되면서 대기 중에 배출된다.

온실효과는 정상적으로 작용하면 지구를 따뜻하게 데워주는 역할을 한다. 지구를 둘러싸고 있는 대기 중의 자연가스는, 햇빛을 지구표면을 향해 통과시키면서 동시에 열이 빠져 나가지 못하도록 온실의 유리벽처럼 막아주는데, 이러한 가스 층이 열을 지구 가까이에 머무르게 해 대기를 따뜻하게 하는 것이다. 그러나 온실효과가 심해지면 지구는 점점 뜨거워지고 수많은 재앙을 가져올 수 있다.

우리가 화장실에서 핸드타월을 한 장만 사용해도 나무 54만 그루를 살릴 수 있다. 성장한 나무 한 그루는 1년에 평균 5.6kg가량의 이산화탄소를 흡수한다. 연간 이산화탄소 흡수량이 가장 높은 나무는 백합나무(39.6kg), 소나무(11.9kg), 상수리나무(21.2kg), 낙엽송(17.2kg), 잣나무(16.8kg) 순이다. 보통 잘 가꾸어진 산림 1ha는 연간 4.6t의 이산화탄소를 흡수할 수 있는 능력이 있다. 핸드타월 사용을 조금씩 더 줄인다면 그 많은 나무를 베는 일도 줄어든다.

여행 필수품,
여행용 휴지 대신 손수건!

여행할 때

　　나는 늘 외출할 때 종이컵 대신 텀블러, 비닐봉지 대신 장바구니, 여행용 휴지 대신 손수건, 일명 친환경 3총사를 가지고 다닌다. 특히 손수건은 화장실에서 손을 닦기 위한 것. 물론 공중화장실에 에어드라이기나 종이타월이 있지만, 손수건이 있으면 조금 더 깔끔하게 물기를 제거할 수 있다. 전기에너지나 종이 사용도 줄일 수 있는 것은 물론이다.

우리나라 국민 한 사람이 1년 동안 사용하는 두루마리 화장지가 무려 408개라고 한다. 대한민국 국민이 사용하는 양을 가늠하면 정말 어마어마할 것이다. 이 화장지를 생산하기 위해 소비되는 나무와 쓰레기 처리비용은 상상할 수 없을 정도다. 화장지를 만들 때 필요한 펄프를 얻기 위해 나무를 베어내면 베어낼수록, 이산화탄소 양이 엄청나게 늘고 산소가 부족해질 뿐만 아니라, 물을 저장할 수 있는 능력도 부족해진

057

다. 이로 인해 나무는 점점 더 줄어들고, 숲이 없어져 그곳에 살던 동물과 새, 식물 등이 사라지면서 사막화되어버리고 말 것이다. 조금만 비가 내려도 흙이 쓸려 내리기 때문에 홍수가 날 가능성도 매우 커진다. 또 일부 화장지에는 표백제가 들어 있어 피부가 민감하거나 아토피성 피부질환이 있는 사람들에게는 건강에도 좋지 않다.

특히 여행할 때, 휴지 대신 손수건은 필수품! 땀이 날 때, 화장실에서 손을 씻을 때, 벤치나 돌로 된 의자에 앉을 때도 매우 유용하다. 머리가 거추장스러울 때 머리끈으로 사용할 수도 있다. 갑자기 추워진 날씨에 적응을 못 할 때, 손수건을 목에 걸면 추위를 녹여준다. 짧은 치마나 바지를 입고 앉을 때 무릎에 살짝 덮으면 민망함도 없앨 수 있다. 손수건이 얼마나 좋은 아이템인지는 두말할 필요가 없다.

샴푸, 비누, 칫솔 등
세면도구 챙겨가기
여행할 때

본격적으로 여름휴가가 시작되면 수많은 사람들이 강이나 산, 바다, 또는 해외로 떠난다. 유독 휴가철에 일회용품 사용량이 급증한다고 한다. 덕분에 피서지에는 엄청난 양의 쓰레기가 쌓인다고. 주요 피서지 쓰레기를 분석해보면 플라스틱이 26.9%, 종이가 21.5%, 비닐봉지가 14.5% 등 일회용품이 절반 가까이 차지한다. 이런 일회용품을 10%만 줄여도 1년 동안 1,319억 원의 원자재비와 폐기물 처리비 절감 효과가 있다.

여행 짐을 쌀 때, 가장 먼저 개인 세면도구를 챙겨 넣자. 일회용 세면도구 대신 개인 세면도구를 챙기면 그만큼 여행지에서 쓰레기를 줄일 수 있다. 일본의 온천 료칸과 유럽의 호텔 등 외국의 숙소를 이용하면서 화장실을 살펴보면, 예전에는 있었으나 사라진 것들이 있다. 바로 일회용 칫솔과 치약이

058

다. 그래서 칫솔과 치약은 더더욱 챙겨가야 할 필수 품목이
되었다.

유럽의 경우에는 일회용품 제공 금지로 인해 세면도구가 전
혀 없는 숙소도 많다. 몸을 닦는 세정제도 한 종류만 비치되
어 있는 경우가 많다. 샴푸, 보디워시, 핸드워시를 하나의 제
품으로 사용하는 것. 머리도 감고 몸도 닦는 형태로 된 것들
이다. 그러므로 적어도 내가 사용할 세면도구만큼은 꼭 챙겨
가자.

여행을 갈 때 나는 작은 파우치에 사용할 세면도구를 꼼꼼히
챙기곤 한다. 특히 가장 좋아하는 아이템인 내가 직접 만든
비누는 필수! 이렇게 하면 숙소에 비치되어 있더라도 일회용
품 사용을 줄일 수 있다.

호텔에서는
큰 수건보다 작은 수건을!  여행할 때

호텔과 같은 숙소에서 욕실에 들어가면 가장 먼저 눈에 띄는 것이 수건이다. 큰 수건, 중간 수건(집에 있는 것과 비슷한 크기), 아주 작은 수건이 비치되어 있다. 그런데 최근에 외국 호텔에 가보면 화장실 거울에 이런 문구를 붙여 놓은 것을 볼 수 있다. "환경을 생각해서 사용하신 수건을 한 번 더 사용하시길 권장하며, 사용하시고 교환을 원하시면 욕조 안이나 욕실 바닥에 놓아주세요." 나는 집에서도 한 번 사용한 수건을 바로 세탁하지 않고 한 번 더 말려서 사용하는 편이라, 호텔에서도 사용한 수건을 밤새 말려 다시 사용하곤 한다.

호텔에서 샤워를 한 후 큰 수건을 몸에 걸치면 '아, 내가 호텔에서 사치를 누리고 있구나' 하는 생각이 절로 든다. 집에서는 그렇게 큰 크기의 수건을 잘 사용하지 않는데, 굳이 사용

059

해야 하나 의문이 드는 것이다. 그래서인지 호텔에 가면 선뜻 큰 수건은 집지 않게 되는 것 같다. 주로 집에서 사용하는 중간 사이즈의 수건을 쓰고, 간단하게 손을 닦을 때는 작은 수건만 사용한다.

큰 수건은 물도 많이 먹고, 세탁하기도 힘들다. 따라서 중간 크기의 수건을 사용하는 것만으로도 지구별을 위하는 일 아닐까. 물론, 아기들이 있는 경우에는 큰 수건이 필요하다. 샤워를 하고 나오면 아이들이 감기에 걸릴 수 있으니, 큰 수건을 쓰는 게 당연하다. 이렇듯 꼭 필요한 때가 아니라면 호텔에 비치되어 있다고 무작정 큰 수건을 사용하지 말고, 환경을 위해 작은 수건을 사용하자.

호텔 연박할 때는
침구류 바꾸지 않기 🧳 여행할 때

060

막내 동서 내외가 제주도에서 펜션을 운영한다. 한 번은 그곳에서 며칠 묵게 됐는데 마지막 날엔 손님을 받아야 해서 동서네 집에서 잠을 잤다. 그날 밤 펜션에서 가져온 침구류를 밤새 세탁하느라 잠도 잘 못 자는 걸 보며 이게 보통 일이 아니구나 싶었다.

나는 한 숙소에서 오래 머무르게 되면, 침구류를 바꾸지 않아도 된다고 알린다. 요즘은 호텔에서 외출할 때 'DO NOT DISTURB'라고 쓰여 있는 작은 팻말이나 그린카드를 침대 위에 두거나 문 앞에 걸어놓으면 침구류를 교체해주지 않는다. 집에서도 매일 침구류를 바꾸지 않는데 굳이 나가서까지 깔끔 떨고 싶지는 않다. 매일 침구류를 바꿀 때 사용되는 비용적 측면을 생각하면 더욱 그렇다.

이불과 침대패드, 베개커버를 새로 바꾸는 일, 사용한 침구류를 세탁실로 옮기는 일, 그리고 침구류를 빨기 위해 사용되는 물이며 세탁세제, 그리고 건조까지 드는 전기료와 에너지를 생각해보라. 침구류를 나르는 인건비 등 부대비용까지 생각하면 여러모로 비효율적이고 낭비가 아닐 수 없다. 호텔에서 연박할 때 침구류만 바꾸지 않아도 많은 것을 절약할 수 있다는 것을 잊지 말자.

해외여행을 가보면 의외로 수돗물 먹을 수 있는 곳들이 많다. 그래서 나는 텀블러나 가벼운 물통을 캐리어에 넣어 꼭 챙겨간다.

호텔에 들어가면 차나 커피 등과 함께 커피포트가 준비되어 있는 곳이 많은데, 나는 저녁에 물을 끓여 놓곤 한다. 아침이 오면 컵에 어제 끓여 놓은 물 반을 담은 다음, 커피포트에 물을 넣어 또다시 끓인 뒤 나머지를 채운다. 그렇게 만든 따뜻한 물 한 잔을 아침에 마시면, 따뜻함이 온몸을 타고 내려와 내 몸의 아침을 깨운다. 그렇게 따뜻한 물이나 차를 마시며, 창밖 풍경을 바라보고 여유롭게 맞이하는 여행지에서의 하루. 바로 그 순간을 온전히 느끼는 방법이 된다.

남은 물을 텀블러에 담아 들고 숙소를 나오면 본격적인 여행 시작. 가끔 가이드들이 식당에서 물을 담지 말고, 사 먹으라고 이야기하기도 한다. 그러나 유럽이나 미국의 호텔 식당에

여행할 때 텀블러 가지고 가기 ■ 여행할 때

061

서 아침식사 시간에 물이나 커피, 차를 자신의 텀블러에 담는 외국인들을 정말 많이 볼 수 있다. 그들 역시 이동 중에 먹을 물을 텀블러에 담아서 들고 다니는 것.

나는 물을 정말 많이 마시는 편이다. 하루에 2L 정도를 마시니, 물을 사서 마시면 500ml 페트병 4개를 매일 사서 버려야 한다는 이야기. 얼마나 낭비인가. 플라스틱도 줄이고, 경제적으로도 도움이 되므로 여행할 때 텀블러에 물을 담아 다니는 일이야말로 일석이조.

카페에 앉아서 커피를 마실 수 없을 때 역시 텀블러가 있으면 매우 유용하다. 외국에서도 테이크아웃할 때 텀블러를 내밀면 알아서 커피를 담아준다. 여행 중 바람이 살랑이는 공원에 앉아 천천히 여유를 즐기면서 커피를 마셔보라. 지상낙원이 따로 없다. 여행갈 때, 텀블러 지참은 이제 필수!

외국인이 자신의 나라 친구들을 한국으로 초대해 여행하는 TV 프로그램을 본 적이 있다. 핀란드 친구들이 호텔에 들어오자마자 목이 마르다며 당연하다는 듯 수돗물을 컵에 받아서 벌컥벌컥 마시는 게 아닌가. 핀란드는 모든 국민이 수돗물을 먹는다고 했다. 얼마 전 오스트리아에 사는 지인은 대학생 아들이 학교에 갈 때 샌드위치와 빈 물통을 들고 간다고 했다. 물통에 수돗물을 담아서 먹는다고.

수돗물 먹을 수 있는 나라에서는 수돗물 마시기

🧳 여행할 때

062

최근 미국 하와이로 여행을 갔는데, 가이드가 해양심층수라 호텔에서 나오는 수돗물을 마셔도 된다고 했다. 살짝 물비린 내가 나 끓여서 식힌 후 마시긴 했지만, 하와이 여행 내내 난 수돗물을 마셨다.

국가별 수질지수에 따르면 핀란드, 캐나다, 뉴질랜드, 영국, 일본, 노르웨이, 러시아, 대한민국, 스웨덴, 프랑스, 미국, 오스트리아, 싱가포르 등에서는 수돗물을 마실 수 있다.

물론 안 되는 국가들도 있다. 석회성분이 많은 나라나 수질 자체가 좋지 않은 나라도 있기 때문. 각 국가의 수질지수 표를 참고하자.

순위	국가명	지수	순위	국가명	지수
1위	핀란드	1.85	2위	캐나다	1.45
3위	뉴질랜드	1.43	4위	영국	1.42
5위	일본	1.32	6위	노르웨이	1.31
7위	러시아	1.3	8위	대한민국	1.27
9위	스웨덴	1.19	10위	프랑스	1.19
12위	미국	1.04	18위	오스트리아	0.85
25위	싱가포르	0.62	57위	독일	-0.06
84위	중국	-0.33	88위	이스라엘	-0.35
110위	인도네시아	-0.77	120위	인도	-1.31

UN이 발표한 국가별 수질지수(출처 : 국토해양부)

🛒 쇼핑할 때

063

나는 작은 핸드백을 선호한다. 큰 가방은 이것저것 많이 넣을 수 있어 좋지만, 그만큼 불필요한 것까지 담게 되어 나중에는 어깨가 남아나질 않기 때문이다. 그래서 언젠가부터 작은 가방, 또는 가벼운 천가방을 좋아하게 됐다.

가방이 작아지면서 꼭 가지고 다녀야 할 것들만 챙기게 된다. 그중에서도 내 핸드백 속에 꼭 들어 있는 것이 바로 장바구니다. 길을 걷다 갑자기 물건을 살 때, 시장을 보러갈 때, 얼마나 유용한지 모른다. "비닐봉지에 넣어드릴까요?"라고 물어보면 당당하게 말하곤 한다. "아니오. 저 장바구니 있어요." 착착 접혀 있던 장바구니를 꺼내들고 구입한 제품을 넣을 때면 왠지 마음이 뿌듯해진다.

장바구니를 준비하는 일, 별것 아닌 것 같지만 오늘도 플라스틱으로 만든 비닐 한 장을 사용하지 않았다는 자각, 내가 살고 있는 지구를 위해 또 한 걸음을 내딛었다는 자부심이 팍팍 들게 될 것이다. 심지어 비닐봉지보다 장바구니가 더 튼튼하다. 어떤 물건이든 번쩍 들어주니 이렇게 좋은 게 또 있나 싶다. 오늘부터 핸드백이든 가방이든, 외출할 때 장바구니 하나씩 넣어두기!

마트 포장재 적게 사용하기 🛒 쇼핑할 때

　　최근 일회용품 사용금지 및 비닐, 플라스틱백 사용 제한으로 마트에서도 비닐롤백이 점점 사라지고 있다. 그럼에도 불구하고 육류나 생선 코너에 가면 여전히 롤백이 보인다. 그리고 최소한으로 사용해야 할 이 롤백을 아직도 많은 사람들이 사용한다.

물론 식재료를 깔끔하게 담고 싶은 마음은 이해가 된다. 하지만 한 장만 사용해도 될 것 같은데 여러 겹 둘둘 말아 사용하는 사람들을 보면 너무 과하지 않나 하는 생각에 걱정이 앞선다. 비닐롤백은 LDPE라는 플라스틱으로 구성이 되어 있다. 앞에서도 말했지만 플라스틱은 잘 썩지 않는다. 그러므로 식품을 담는 비닐롤백은 꼭 필요한 경우에만 최소한으로 사용하자.

2020년 1월 1일 날짜로 전국 2,000여 곳의 대형마트를 비

064

롯해 매장 크기 165㎡ 이상의 슈퍼마켓에서 일회용 비닐봉지 사용이 금지됐다. 박스 및 테이프도 제공되지 않는다. 마트 코너에서 비닐백도 서서히 빼고 있는데 의외로 소비자들의 불편이 그리 크지 않다고.

비닐백을 사용하지 않는 것은 환경보호 측면에서 큰 도움이 된다. 국민 1인당 연간 비닐봉지 사용량은 약 414장이며 (2015년 기준), 비닐봉지 사용에 따른 온실가스 배출량은 약 20kg(47.5gCO2/장의 온실가스 배출)이다.

주요 대형마트의 경우 2010년부터 환경부와 자발적 협약을 맺어 비닐봉지 대신 재사용 종량제봉투, 빈 박스, 장바구니 등으로 대체했으며, 중대형 슈퍼마켓 등도 재사용 종량제봉투 등 대체제로 바꾸었다.

일상생활에서 많이 사용하는 세탁소 비닐, 운송용 에어캡(일명 뽁뽁이), 우산용 비닐 등과 같은 비닐봉지, 일회용 비닐장갑, 식품 포장용 랩 필름 등의 품목 사용을 줄이기 위해서도 많이 노력해야 한다. 환경과 미래 세대를 위해 일회용품 사용을 실질적으로 줄여나가고, 친환경 소비문화 확산을 위해 우리 모두의 적극적인 참여가 절실하다.

한때 홈쇼핑에 빠져 물건을 엄청나게 구입할 때가 있었다. 프라이팬이 없어서 하나를 구입해야 하는데 기본 구성이 5종이라, 꼭 필요한 프라이팬 1개와 필요 없는 프라이팬 4개가 더 생기는 식. 아이 등원시킬 때 입을 외출복이 필요했는데, 홈쇼핑에서 6종 세트를 팔고 있었다. 한 벌이면 족하지만, 필요 없는 옷 5벌을 더 구입했다. 언젠가 다른 옷도 입을 날이 올 거라 자기 최면을 걸면서.

이렇게 집은 점점 물건들로 넘쳐났다. 공간은 정해져 있는데, 버리지도 않으면서 물건을 사대니, 점점 삶의 공간이 작아지기 마련. 이대로는 안 되겠다는 생각이 들었다. 도대체 뭐 때문에 불필요한 물건마저 구입하게 됐을까? 몇 분 남지 않았다. 이번이 마지막 구성이다, 품절대란을 외치는 쇼호스트 때문이었을까? 아니 문제는 결국 나에게 있었다.

삶이 힘들고 불만이 생기면 보상을 받듯 나는 물건을 사들였던 것 같다. 이 정도는 받아도 되는 거잖아, 하고 자위하면서. 이렇게 힘들었는데 이걸로 퉁치자, 하는 심정으로. 쓸데없는

필요 없는 물건 사지 않기 쇼핑할 때

065

물건들이 쌓여갈수록 기쁨으로 가득 찰 줄 알았던 내 마음은 더욱 힘들어졌다. 입지 않는 옷들은 정리할 때마다 몇 년 동안 옷장에 들어갔다 나왔다를 반복하다가 결국 재활용통에 들어가기 일쑤.

이렇게 집에 쓸데없는 물건들이 넘쳐나는 일은 나만의 문제가 아닐 터. 현대인이라면 누구나 홈쇼핑, 인터넷쇼핑, 마트 등을 쉽게 이용할 수 있는 데다 우리를 소비자라 부르는 기업들의 광고에 현혹되어 필요 없는 물건들을 계속 구입한다. 만약 1년간 소비를 멈추면 어떻게 될까? 새것을 사지 않고 이미 가지고 있는 것만 이용한다면 많이 불편할까? 아마도 큰 불편 없이 잘 살아갈 것이다. 이미 많은 것을 가졌기에.

자꾸 신상품을 찾고, 새로운 유행을 좇는다. 그러나 남을 따르기만 하는 사람은 트렌드 추종자일 뿐 주인공이 되지 못한다. 내 취향과 안목을 제대로 파악하려면 나만의 기준을 갖는 것이 무엇보다 중요하다. 그것을 깨달은 후 나는 더 이상 '몇 종 세트'라고 광고하는 제품들은 구입하지 않는다. 딱 필요한 물품만 구입한다. 일단, 살 물건의 목록을 정하고, 장바구니에 넣어둔 뒤 일주일을 보낸다. 일주일 뒤에도 그 물건이 사고 싶고 사야만 한다면, 그때 결정해도 늦지 않다는 것을 잘 알기 때문. 쓰레기도 줄이고 미니멀 라이프도 실천하는 방법이다.

헤어제품 등 겹치는 아이템 사지 않기

🛒 쇼핑할 때

066

대부분 환경교육은 여성들을 대상으로 진행하는 경우가 많다. 여성이 가정의 주체이자 구매자인 경우가 많기 때문이다. 수업 중 질의응답을 하다 보면, 의외로 머리카락에 사용하는 제품이 무척 많다는 것을 알게 된다.

샴푸, 린스, 헤어트리트먼트, 헤어에센스, 헤어팩, 헤어로션, 헤어오일, 헤어스프레이, 헤어무스, 헤어왁스 등등 머리에만 사용하는 제품군이 약 10여 종이다. 이렇게 많은 제품을 머리에 바르는 이유는 뭘까? 잦은 염색과 파마로 머릿결이 나빠져서, 탈모가 진행되어 신경이 쓰여서 등등 이유는 많았다. 그런데 이렇게 많은 제품을 다 사용하는 것이 과연 머리카락과 피부에 좋은 일일까?

결론은, 아니다. 세정의 목적으로 사용하는 샴푸를 제외하면 린스, 헤어트리트먼트, 헤어에센스, 헤어팩, 헤어로션, 헤어오일의 경우 거의 동일한 재료가 사용된다. 전성분을 비교해보면 더욱 명확해진다. 대부분 정제수이고, 그다음으로 많이 들어간 재료가 정전기를 방지하는 양이온 계면활성제, 그리고 머리카락을 찰랑거리게 만들어주는 실리콘오일 순이다. 명칭만 다를 뿐 들어 있는 원료는 거의 비슷하다. 향과 점도, 제형만 달리해 판매하고 있다고 해도 과언이 아니다. 그러므로 겹치는 헤어제품을 여러 개 사는 것보다 하나의 아이템이라도 제대로 사는 것이 중요하다.

다행히 모든 화장품은 전성분이 공개된다. 어떤 원료를 사용했는지 다 표기하게 되어 있다. 대부분 많이 사용한 원료부터 적게 사용한 원료 순서로 표기한다. 그러므로 어떤 성분이 들어 있는지 읽기 어려워도 구입할 때 잘 확인해야 한다. 그리고 사용상 주의사항도 꼭 읽어 보는 게 좋다.

특히 양이온 계면활성제가 사용된 린스, 헤어트리트먼트, 헤어에센스, 헤어팩, 헤어로션, 헤어오일 등은 두피에 절대 닿아서는 안 된다. 두피가 붉어지고 가렵고 심한 경우 탈모의 원인이 되기 때문. 양이온 계면활성제는 단백질 흡착력이 무척 뛰어나고, 한 번 흡착하면 뜨거운 물로 2~3번 세척해도 잘 떨어지지 않는다. 가능한 주의사항을 꼼꼼히 읽어보고 사용할 것을 권장하며, 무엇보다 덜 사용하는 것이 환경에는 가장 큰 도움이 된다.

강연도 많고, 가끔은 방송에도 나가는 터라 옷을 구입해야 할 때가 있다. 옷을 살 때 나의 기준은 단 하나, 가능한 물빨래가 되는 것으로 구입한다. 드라이클리닝을 하는 옷은 실크, 모직, 캐시미어, 모피 등 고가의 옷이 많은 반면, 물빨래가 되는 옷들은 저렴하고 부담이 없다. 또 옷을 입다 보면 화장품이 묻고, 음식물이 묻고, 여기저기 더러운 것이 묻기 마련. 쉽게 세탁할 수 있는 옷들을 선호한다.

물빨래 팁 하나! 예쁜 원피스를 입고 외출했다가 집으로 돌아오면, 더러워진 부분은 미리 비누로 쓱쓱 문질러 애벌빨래를 한다. 물에 세제를 조금 풀고 애벌빨래를 한 옷을 담가서 조물조물 세탁한다. 더러운 물이 나오지 않을 때까지 몇 번 헹구고, 마지막 헹굼물에 구연산 1티스푼을 넣은 후 다시 한 번 헹구어준다. 꼭 짜서 널면 끝.

드라이클리닝은 건식세탁이라고 불리는데, 물세탁을 하면 손상되거나 변형되기 쉬운 모직물이나 견직물을 세탁하는 데 사용된다. 옷을 드럼에 넣고 물 대신 화학유기용제를 사용해서 세탁을 하는, 즉 화학세탁이다. 섬유 종류나 오염 물질 종

물빨래가 가능한 옷 사기 🛒 쇼핑할 때

067

류에 따라서 조금씩 다르지만, 드라이클리닝에 쓰이는 유기용제는 벤젠과 유사한 모노클로벤젠부터 콜타르에서 얻어진 피리딘, 로드유, 초산아밀, 초산에틸알코올, 메틸알코올, 에틸알코올, 이소프로필알코올 등의 알코올류, 강력한 마취제로 쓰이는 에틸에테르, 빙초산, 옥살산, 락트산 등 각종 산류, 암모니아, 올레인산, 글리세린, 과망간산칼륨, 테트라클로로에탄 등이다.

옷감이 고급화, 다양화되면서 특성에 따라 그에 맞는 화학 물질의 종류도 늘어났다. 화학물질은 노출되면 피부자극, 두통 등을 일으키고 몸의 저항력을 떨어뜨린다. 제1급 발암물질로 지정된 성분도 많이 존재한다. 뿐만 아니라 드라이클리닝을 하고 난 후 버려지는 폐기물은 당연히 지구를 오염시킨다.

또 세탁소에서 드라이클리닝을 한 옷들은 비닐 커버를 씌우는데 그대로 두면 화학물질이 고스란히 남는다. 옷을 찾으면 제일 먼저 비닐 커버를 벗겨 바람이 잘 통하는 곳에 하루 이틀 걸어두는 게 좋다. 드라이클리닝 용제는 휘발성 물질이므로 대부분의 유해성분을 제거할 수 있다. 그런 다음 집 안으로 들이거나 입어야 안전하다. 드라이클리닝은 비용적인 면에서도, 환경적인 면에서도 비효율적이다. 따라서 옷을 구입할 때는 가능한 물세탁이 되는 것으로 사자.

　　나를 잘 아는 지인들은 내게 선물하지 않는 것이 몇 가지 있다. 바로 참치 캔과 같은 통조림, 가공된 햄과 소시지 등의 가공식품이다. 그중에서도 통조림에 들어 있는 식품을 특히 좋아하지 않는다.

가공식품은 전자레인지에 데우면 바로 먹을 수 있는 밥, 끓이거나 물만 부으면 먹을 수 있는 라면, 캔에 든 참치나 햄, 먹기 좋은 크기로 만들어진 소시지, 페트병에 담긴 음료수 등 공정과정을 거쳐 먹기 편하게 만들어진 식품을 말한다. 우리는 지금 다양한 가공식품에 노출되어 있다. 시장이나 마트에서 파는 식품 중 요리재료로 사용되는 원료 그대로의 채소나

가공식품
줄이기 🛒쇼핑할 때

068

과일, 해산물, 고기 외에 대부분의 식품이 가공식품이다.

가공식품은 식품의 원료인 농산물이나 축산물, 수산물을 먹기 편하게 가공하고, 오래 보관할 수 있게 하기 위해 만든다. 딸기잼, 포도잼처럼 집에서 만든 것과 별로 다를 게 없어 보이는 것도 공장에서 만들면 가공식품이다. 흔히 말하는 인스턴트 제품들도 다 가공식품에 해당한다.

가공식품은 가공할 때 오랫동안 보관하기 위한 보존제와 보기 좋은 색을 내기 위한 발색제 등의 화학물질을 넣는다. 예를 들어 소시지나 햄, 명란젓 등에 들어가는 발색제인 아질산나트륨의 경우 색을 낼 뿐만 아니라 방부제 역할도 한다. 하지만 등 푸른 생선에 들어 있는 오메가-3와 위액(염산)이 만날 경우 화학반응에 의해 발암물질이 생성된다. 또 캔 등에 들어 있는 제품들은 중금속에 오염될 가능성이 있어서 인체에 좋지 않은 영향을 끼친다.

가공식품은 몸에도 나쁠 뿐 아니라 과대 포장도 문제다. 가공식품을 먹고 나면 남는 그 많은 쓰레기들. 비닐봉지를 비롯해서 캔 등 엄청난 양의 쓰레기가 남는다. 라면 하나를 먹더라도 비닐봉지가 크고 작은 것을 합쳐 적어도 3개는 나온다. 원재료를 먹었을 때는 그만큼의 쓰레기가 나오지 않는다. 번거롭더라도 신선한 채소와 과일, 제철음식들을 그때그때 사서 조리를 해서 먹는 일, 나와 환경을 위한 일이다.

구입할 때 성분 확인하기

🛒 쇼핑할 때

　　수많은 아이들이 아토피성 피부염으로 고생을 한다. 특히 우리 아이는 특정 물질에 반응을 했다. 음식에서는 계란(난백, 난황), 견과류(땅콩, 아몬드, 호두 등), 우유, 밀가루(글루텐), 생활용품에서는 색소(타르색소), 인공향, 특정 계면활성제에 심각한 반응을 보였다. 그러다 보니 나는 물건을 구입하기 전에 무엇이 들어 있는지 꼼꼼히 살펴보는 게 습관이 되었다.

최근에는 워낙 알레르기에 대한 인식이 높아져서 모든 가공식품에 어떤 성분이 들어 있는지, 심지어 설비시설을 다른 제품과 함께 만들면 만약의 경우 들어갈 성분까지 쓰여 있다. 하지만 내가 아이를 키울 당시만 해도 그런 인식이 없다 보니 가공식품에 성분이 쓰여 있는 경우는 거의 없었다. 당연히 가공식품은 먹일 수 없었고, 원재료를 사다가 직접 요리해서 먹이는 수밖에 없었다.

069

생활용품 속 화학물질도 하나하나 찾아보면서 공부하고 습득했다. 아이가 먹는 간식과 음식은 늘 만들어 도시락을 싸서 다녔고, 사용하는 제품들의 성분들도 꼼꼼히 확인했다. 그렇게 하나씩 아이가 반응하는 물질을 알아냈고, 그 물질로부터 서서히 멀어지기 시작하면서 아이의 몸은 조금씩 좋아졌다. 결국 나의 노력이 틀리지 않았다는 것을 깨달았다.

요즘은 아이들뿐 아니라, 성인들도 알레르기 때문에 고생하는 사람들이 많다. 무엇을 먹고, 사용하든 구입하기 전에 미리 성분을 확인할 줄 알아야 한다.

과대포장 제품 멀리하기

🛒 쇼핑할 때

명절이 다가오면 다들 명절선물로 뭘 사야 할지 고민이 많다. 그런데 명절선물을 받으면 포장이 너무 많아서 버리는 것도 일일 때가 있다. 기본적인 명절 선물세트를 생각해 보라. 햄이 들어간 캔은 그 내용물보다 더 큰 플라스틱 포장재로 감싸 있다.

요즘은 편리함 때문에 배달업체들을 많이 이용하는데, 배송업체들의 경쟁으로 과대포장이 큰 문제가 되고 있다. 채소 한 가지만 사도 비닐포장이 겹겹이고, 소비자들이 다치지 않은 깨끗한 제품을 원하다 보니 박스도 몇 가지씩 사용한다.

마트에서 사는 과자도 마찬가지다. 하나하나 비닐포장이 되어 있는 쿠키 덕에 먹고 나면 비닐봉지가 한 가득이다. 내용물을 다 먹었어도 포장이 얼마나 큰지 쓰레기가 과자를 살 때와 동일한 부피다. 업체들은 내용물이 부서지기 때문에 하

070

나하나 포장하는 거라고 말한다. 혹은 낱개포장을 해야 소비
자들이 좋아한다고도 한다. 하지만 솔직히 나를 비롯한 소비
자들은 이런 과대포장 대신 내용물이 많았으면 좋겠다.

명절선물을 살 때 포장이 과한 제품은 사지 말자. 버리는 게
일이니까. 내가 불편하면 받는 사람도 불편하다는 걸 기억하
자. 식용유와 같은 기름을 구매할 때도 별도 박스 포장 없이
제품만 딱 들어 있는 걸로 사는 게 좋다. 제품의 겉모습보다
는 내용이 알찬 선물을 선호하는, 친환경 소비문화가 정착되
면 참 좋겠다. 소비자 인식이 바뀌면 기업들도 따라가게 되어
있다.

마트에서 물건을 살 때 카드를 주면서 꼭 "영수증은 됐어요" 하고 말한다. 어차피 사용내역이 문자로 날아오기 때문이다. 이때 마트 계산대 옆을 보면 내 영수증을 비롯해서 수많은 영수증으로 가득하다. 다 종이 낭비인데 굳이 종이영수증을 계속 사용해야 하나, 너무 아깝다.

하루 종이영수증 발급 건수가 약 4,000만 건에 이른다고 한다. 비용으로 환산하면 2,500억 원에 달하는 금액이다. 발급 즉시 버려지는 영수증이 약 60%로 자원낭비와 폐기물 처

스마트 시대, 종이영수증 대신 문자로!

🛒 쇼핑할 때

071

리 등 환경비용 문제가 점점 커지고 있다. 영수증 생산과 폐기 과정에서 발생하는 온실가스 배출량도 약 5,500t에 달한다고 하니, 우리가 사용하는 영수증을 이제 다시 생각할 때다. 또한 종이영수증은 개인정보 유출 우려도 있다. 가게마다 정보를 지우는 항목이 달라서 몇 개의 영수증만 모으면 쉽게 카드 정보를 얻을 수 있다.

종이영수증은 감열지라는 것을 사용한다. 표면은 잉크 역할을 하는 발색제가 도포된 상태로 종이 위에 특수 코팅을 해서 만들어진다. 발색제인 류코 염료는 인쇄가 안 됐을 때는 투명한 상태이지만 산성 조건이 되면 색이 변한다. 여기에 열을 가하면 현색제가 녹아 발색제와 섞이고 감열지에 글씨를 나타나게 한다. 이때 발색촉매제로 주로 사용되는 것이 비스페놀A^{BPA}라고 불리는 물질인데, 대표적인 환경호르몬이다.

영수증을 사용할 때 발생되는 양이 극히 적다고는 하지만 핸드크림을 바른 손으로 만지면 비스페놀A 흡수율이 10배 이상 증가한다는 연구결과도 있었다. 더구나 감열지는 전부 수입에 의존해 수입 비용만도 2,700억 원에 달한다고 한다.

최근 전자영수증을 도입하는 기업들이 늘어났고 모바일 영수증으로 대체하는 시민들도 늘고 있다. 스마트한 시대에 사는 당신, 스마트한 방법으로 영수증 관리를 해보는 건 어떨까. 전자영수증 사용으로 나무 한 그루를 지킬 수 있다.

각종 청구서나 고지서 메일로 받기 🛒 쇼핑할 때

　　매월 말일이면 어김없이 아파트 우체통들이 고지서로 꽉 찬다. 전기요금부터 카드고지서에 이르기까지 작은 종이조각이지만 그 양이 적지 않다. 종이가 나무로 만들어진다는 기본적인 사실을 되짚어볼 때 고지서들도 환경에 부담을 주는 요인이 될 수 있다. 그래서 꾸준히 대안으로 제시되어 온 것이 전자청구서. 말 그대로 메일이나 모바일 등으로 사용 요금 내역을 전달받는 것으로, 현재 서비스의 제공이나 사용이 꾸준히 증가하고 있다.

나도 재산세, 자동차세와 같은 국세와 카드명세서 등을 메일로 받는다. 일반 고지서와 달리 종이를 사용하지 않으므로 환경보호에 크게 도움이 된다. 한 달 동안 고지서나 청구서로 사용되는 종이는 3억 7천만 장에 달하며, 이는 약 17년 된 나무 4만 그루와 맞먹는 엄청난 양이라고 한다. 개개인이, 각

072

가정이, 한 장씩만 매달 규칙적으로 배달되는 우편물인 고지서를 줄여도 많은 나무를 보호할 수 있다.

전자청구서가 단순히 환경적인 측면에서만 긍정적인 것은 아니다. 종이고지서와 달리 중간에 분실이나 반송, 파손될 우려가 없다. 직접 삭제하기 전까지는 지속적으로 내역을 확인할 수 있어 보관의 측면에서도 매우 유용하고 편리하다.

국민연금공단이나 한국전력공사에서 제공하는 전자사서함 서비스의 경우, 더 큰 장점이 있다. 전자사서함이란 각종 고지서와 청구서, 증명서 같은 중요 자료를 개인의 전자사서함을 통해 보내거나 보관하는 서비스다. 고지서가 발송되면 즉시 사용자에게 메시지가 전송되므로 고지서 확인에 대한 걱정도 줄일 수 있으며, 전자사서함에 보관되는 문서의 경우 법적으로도 그 가치가 인정된다고 하니 여러모로 유용하다. 뿐만 아니라 전자청구서나 모바일 서비스를 이용하면, 한 달에 몇 백 원 정도 할인혜택까지 주어진다.

전자청구서 사용을 망설이게 하는 것은 그 자체의 불편함보다 그동안 종이고지서가 당연하다고 생각했던 익숙함 때문 아닐까. 번거롭다 해도 환경을 위해 조금씩만 불편함을 감수해보자.

겨울만 되면 추위 때문이 아니라, 전기요금 납부고지서 때문에 벌벌 떨린다. 올해도 가스요금이 올랐고, 전기요금은 누진세까지 적용된다. 집이 따뜻할 정도로 난방을 한 적도 없는데, 전기요금을 볼 때마다 무섭다. 가끔은 전기요금 폭탄이 억울하기까지 하다. 아무 생각 없이 사용한 난방기기 때문에 전기요금이 누진되었기 때문이다.

과거에는 석유나 가스를 이용하는 온풍기가 인기였지만, 최근에는 전기를 이용한 온풍기와 히터가 사랑을 받고 있다. 별도로 연료를 주입하지 않아도 콘센트만 꽂으면 따뜻한 바람이 나오고, 냄새도 없고, 석유나 가스누출로 인한 화재 위험도 적기 때문이다. 따뜻한 물을 데워 사용하는 온수매트도 인기다. 그런데 전기매트, 전기히터, 온풍기 등이 바로 겨울철 '전기요금 폭탄'의 주범이다. 난방기기를 무턱대고 장시간 사용할 경우 평소보다 3~5배나 많은 요금이 부과되기 때문이다. 난방가전을 살 때 꼭 알아둬야 할 팁이 있다. 판매가격보다 중

난방기기 구입할 때 소비전력 확인하기

🛒 쇼핑할 때

073

요한 것이 바로 소비전력, 꼭 소비전력을 확인해야 한다. 몇만 원 아끼려다가 전기요금이 더 많이 나올 수 있다. 소비전력은 곧 전기세이고, 전기세는 곧 에너지낭비이자 전력낭비이기 때문이다. 전력낭비는 환경에 부담을 준다.

열선풍기나 히터는 4~5만 원에 구입 가능하지만 전기료가 많이 나온다. 또 같은 열선풍기 제품이라도 소비전력이 다르다면, 소비전력이 낮은 것을 선택해야 전기세가 덜 나간다. 즉, 제품의 가격보다 소비전력이 얼마인지 알고 구입 및 사용하는 것이 중요하다. 소비전력은 제품 라벨에 쓰여 있다. 최근엔 아예 월 얼마 정도의 전기세가 나오는지 표기가 되어 있는 경우도 있다.

제품 라벨에는 난방기기 등급도 쓰여 있다. 대부분 5등급으로 표기되어 있는데, 기본적으로 소비전력이 높기 때문이다. 그래서 등급을 비교하는 것은 의미가 없고 소비전력을 살펴보는 것이 중요하다. 판매업체의 과장광고에 현혹되지 마라. 난방기기를 구입할 때는 제품에 표시된 소비전력과 사용환경, 예상요금을 꼼꼼히 따져보고 구입해야 한다.

참고로 소비전력에 따른 전기요금을 알고 싶다면, 한국전력 사이트를 방문하거나 포털사이트에 '전기요금계산기'로 검색하면 된다. 소비전력과 사용시간을 넣으면 전기요금이 얼마 정도 나올지 미리 계산해서 점검해볼 수 있다.

에너지 효율 등급
높은 제품 구입하기 쇼핑할 때

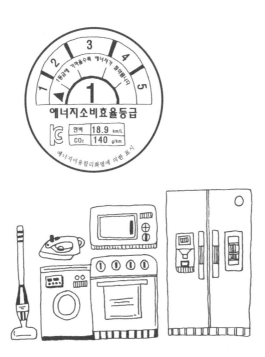

074

냉장고를 사러 마트에 가면 냉장고 맨 위 왼쪽에 이와 같은 마크를 볼 수 있다. 에너지 소비효율 등급을 표시하는 라벨이다. 우리는 이를 통해 소비전력량, 1시간 사용시 이산화탄소 배출량, 제품의 용량, 1년 사용 시 예상 전기요금에 대해 알 수 있다. 모델명과 용량을 제외한 숫자가 적을수록 에너지 효율이 높다.

에너지 소비효율 등급 표시제도는 제품의 에너지 소비효율 또는 에너지의 사용량에 따라 1~5등급으로 구분하여 표시한다. 이는 소비자들이 효율이 높은 에너지 절약형 제품을 손쉽게 구입할 수 있도록 도움을 준다. 최저 소비효율 기준에 따라 5등급 기준 미달의 제품은 생산과 판매가 금지되며, 위반 시 2천만 원 이하의 벌금이 부과된다. 1등급에 가까울수록 에너지절약형 제품이다. 1등급 제품은 5등급 제품과 비교했을 때 약 30~40%가량 에너지가 절감된다.

같은 제품이라도 제조일에 따라 등급이 다르다. 등급 기준이 강화되어 대부분의 제품들이 1등급이 되어버리면 변별력이 떨어지기 때문에 일정 비율로 등급을 나눈다. 최근 만들어진 1등급 제품의 에너지 효율이 더 뛰어나다. 등급을 비교해서 숫자가 낮은 것을 구입하면 된다.

으뜸효율 가전제품 구매비용 환급사업!
가전제품 10% 저렴하게 구매하기

누구나 냉장고, 에어컨, TV 등 값비싼 가전제품은 선뜻 구매하기가 쉽지 않다. 우리의 경제적 부담을 덜어주는 반가운 소식이 있다. 정부가 에너지 절약 및 환경보호를 위해 전력효율이 우수한 가전제품을 사면 구매가의 10%를 환급해준다. 2019년 〈으뜸효율 제품 환급사업〉에 따르면 전력 고효율 제품을 구매할 경우 구매가 10%를 정부가 환급해준다. 단, 가구당 20만 원 한도에서 가능하다.

지원대상은 한국전력 복지할인 가구(기초수급자, 차상위계층, 장애인, 국가/5.18 유공자, 대가족, 출산가구 등)이다. 복지할인 가구가 아니더라도 걱정하지 말자! 2020년부터 전체 가구로 확대될 예정이다.

대상품목

순번	품목	등급
1	냉장고	1
2	김치냉장고	1
3	에어컨 벽걸이	1
	에어컨 그 외	1~3
4	세탁기 일반	1~2
	세탁기 드럼	1
5	냉온수기	1
6	전기밥솥	1
7	진공청소기 유선	1~3
8	공기청정기	1
9	TV	1
10	제습기	1

환급 신청방법은 한국전력에서 '전기요금 복지할인 대상 확인증'을 발급받은 후 구매영수증을 첨부해 한국에너지공단 홈페이지에서 신청하면 된다. (https://everyone.rebate.energy.or.kr)

경제속도 준수하기 🚗 운전할 때

075

운전에도 친환경 운전(에코 드라이브)이 필요하다. 친환경 운전이란, 운전자가 자동차의 특성을 이해하고 순리대로 운전하여 에너지도 절약하고 지구온난화 원인 물질인 이산화탄소도 줄이는 것을 말한다.

2005년 선진국들은 〈교토의정서〉에서 이산화탄소를 줄이기 위해 친환경 운전에 앞장서자는 약속을 했다. 미국발 금융위기로 에너지 문제에 대한 관심이 전 세계적으로 확대되면서 이제는 친환경 운전의 생활화를 위해 총력을 기울이고 있다. 대기환경을 악화시키는 유해요소인 탄화수소와 일산화탄소, 질소산화물 등은 인류의 진보된 기술로 점차 줄고 있지만, 이산화탄소는 오직 에너지 소모를 줄이는 것으로만 배출량을 줄일 수 있다. 하지만 산업 규모가 커지고 에너지 사용량이 크게 늘면서 여간 어려운 일이 아니다.

현재 전체 에너지의 약 20%를 교통수송 분야에서 차지하고 있다. 교통수송 분야의 감소 노력은 그 어떤 분야보다도 절실하다. 운전자 한 명 한 명이 친환경 운전을 생활화할 때 지구온난화를 막을 수 있음을 기억하자. 먼저 경제속도(일반도로 60~80km/h, 고속도로 90~100km/h)를 준수하고, 교통상황에 따라 정속주행하는 것부터 시작하자. 경제속도만 준수해도 연료의 10%를 절약할 수 있다. 또 적절한 차간 거리를 유지하며 정속주행을 하면 연비를 높이고 배출가스도 줄일 수 있다.

관성주행 활용하기

🚗 운전할 때

　　강의 덕분에 전국 방방곡곡 안 다닌 곳이 없을 정도다. 그런데 고속도로나 국도를 달리다 보면 생명의 위협을 느끼는 경우가 많다. 뒤에서 전속력으로 달려와 내 차를 지나 쌩쌩 달리는 자동차를 보고 있으면 등에서 식은땀이 흘러내린다. 특히 내리막길에서는 생각만 해도 소름이 돋는다. 이렇게 내리막길을 과속해서 달리는 자동차는 생명의 위협이 될 뿐만 아니라, 연료 소모도 무척 많다.

중학교 물리시간에 배웠던 관성을 생각해보자. 물체가 외부로부터 힘을 받지 않을 때 처음의 운동상태를 계속 유지하려는 성질을 의미한다. 내리막길에서 자동차는 외부로부터 힘을 받지 않아도 밑으로 내려가려는 성질이 있다. 이런 관성을 이용하면 연료를 아낄 수 있다. 가속페달에서 발을 떼고 관성으로 나아가는 거리가 약 200m 정도 된다.

076

내리막길에서 자동차의 연료차단기능·Fuel cut을 적극적으로 활용하는 관성운전을 생활화하자. 연료차단기능을 활용하면 오염물질 배출과 연료 소비를 20% 이상 줄일 수 있다. 이 기능은 대부분의 자동차에 해당이 된다. 일정 RPM 이상에서 가속페달로부터 발을 뗄 경우, 연료가 더 이상 소모되지 않는 것을 말한다. 운행 중 관성주행 표시가 나타나면 가속페달에서 발을 떼거나 그대로 유지하면 최상의 연비를 구현한다.

교차로 신호를 예측하여 관성으로 정지하는 습관도 필요하다. 오르막길 진입 전 가속하여 탄력주행을 하고, 내리막길에서는 엔진 브레이크를 적절히 활용하면 된다. 이렇게 하면 연료 소모를 막을 수 있다.

친환경 운전, 즉 에코 드라이브를 생활화하면 에너지도 절약하고, 한 템포 느린 운전으로 교통사고도 감소하는 등 일석이조의 효과가 있다. 지난 2003년 영국에서 시작해 세계적으로 퍼지면서 상당한 관심을 끌었다. 에코 드라이브는 어려운 운전이 아니다. 차량에 대한 기본 상식을 이해하고, 낭비가 많은 운전방법을 개선하는 생활 밀착형 운전법이라고 생각하면 쉽다.

차를 출발할 때는 부드럽게 한다. 자동차 출발 시 5초간 시속 20km(1500rpm) 정도로 운행하는 것이 적정하다. 그러므로 천천히 움직이고, 급가속과 급감속은 자제하자. 급출발을 하지 않으면 안전운전은 물론, 연료도 30% 이상 절약할 수 있다. 급출발을 10번 하면 연간 4만 원의 연료비가 더 소비된

급출발, 급가속, 급감속 하지 않기 🚗운전할 때

077

다. 여유롭게 운전을 하면 주변 상황 파악이 잘되고, 교통사고도 감소할 수밖에 없다. 급가속, 급감속을 하지 않고 불필요한 차로 변경은 자제하는 것이 좋다. 앞차와 충분한 안전거리를 확보하는 것도 잊지 말자.

우리나라는 자동차에 사용되는 모든 연료를 전량 수입한다. 그러나 1인당 에너지 소비 증가율은 세계 최고 수준이다. 운전자들이 에코 드라이브 운동을 실천하면 많은 효과를 기대할 수 있다. 뿐만 아니라 OECD 국가 평균 3배에 이르는 교통사고 사망률도 친환경 운전습관을 통해 감소시킬 수 있기 때문에 여러모로 기대가 된다. 더불어 온실가스도 줄일 수 있으므로 대기환경을 개선하는 것은 물론, 연료절감 효과까지 있어 고유가 시대에 가정경제에 큰 도움을 줄 수 있다.

불필요한 공회전은
이제 그만! 🚗 운전할 때

078

공회전 5분이면 1km 이상 주행할 수 있는 연료가 낭비되고, 이산화탄소 등 오염물질이 지속적으로 배출된다. 5초 이상 정지하는 경우 엔진을 끄는 게 좋다. 엔진 예열 시간은 여름에는 10초, 겨울에는 30초가 적당하다. 10분 동안 공회전하면 연간 약 7만 원의 연료비가 낭비된다. 이렇듯 적정시간만 지켜도 환경을 지킬 수 있다.

운행 중 신호대기 및 정차 시 기어는 D(드라이브)에서 N(중립)으로 변경하면 좋다. 장시간 주정차 시엔 엔진을 끄자. 기어를 중립에 두는 작은 습관만으로 최대 약 30% 이상의 연비 절감효과를 거둘 수 있고, 온실가스와 대기오염 물질도 획기적으로 줄일 수 있다.

나는 워낙 추위를 잘 타는 데다 몸이 차고, 말을 많이 하는 직업이라 여름에도 얼음이 들어간 음료는 잘 마시지 않는다. 직접 에어컨 바람을 쐬는 것도 좋아하지 않는다. 그러다 보니 운전 중 에어컨을 세게 틀지 않는다. 이렇게 주행 중 에어컨 사용을 줄이면 에너지를 많이 절약할 수 있다. 에어컨을 켠 채 20분간 운전하면, 연간 약 4만 원의 연료가 더 소비된다. 여름에 더위를 많이 타 에어컨을 끌 수 없다면, 온도라도 조금 높여보자.

한 달에 한 번
자동차 점검하기 🚗 운전할 때

079

타이어 공기압이 낮으면 접지면이 넓어져 도로와의 마찰력이 커진다. 따라서 더 많은 연료가 필요해지고 연료 소모 또한 커진다. 일반적으로 타이어 공기압이 10% 감소할 때 연비는 1% 낮아진다.

늘 타이어 공기압이 적정한 수준으로 유지되는지 잘 확인하자. 이것만 잘 유지해도 연간 6만 원의 유류비를 절약할 수 있고 환경도 보호할 수 있다. 타이어 공기압 점검은 매월 주기적으로 하는 것이 좋다. 타이어 공기압이 30% 부족한 상태로 1년에 1만km를 주행할 경우, 50km마다 연료가 300원씩 낭비된다.

자동차에는 '에너지소비효율'을 표시하는 라벨이 붙어 있다. 연비는 1L의 연료로 몇 km를 주행할 수 있는지 표시하는 것으로, 숫자가 높을수록 연비가 좋은 것이다. 차량을 구입할 때 에너지소비효율을 참고해서 구입하면 경제적으로도 이익이고 환경도 보호할 수 있으므로 꼭 확인하자. 매월(최소 분기별) 1회, 차량 점검 및 정비도 잊지 않기! 차량점검이 곧 안전점검이자 환경보호다.

자동차 트렁크 비우기

 운전할 때

080

자동차는 가벼울수록 연비 효율이 좋다. 따라서 자동차에 불필요한 짐이 많을수록 연비도 저하된다. 자동차 트렁크에는 늘 필요한 짐만 실어야 한다. 불필요한 짐을 싣고 운전하면 연료도 낭비되고, 오염물질 배출량도 늘어난다. 10kg의 짐을 더 싣고 50km를 주행하면 연간 약 3만 원의 연료가 더 소비된다.

연료를 채울 때도 가득 채우지 않는 게 좋다. 가득 채우면 차체가 무거워 연비가 떨어지므로 반만 채워 운행하는 것이 연비 향상에 도움이 된다. 부득이하게 짐을 실어야 할 경우, 자동차 바퀴에 하중이 균형 있게 전달될 수 있도록 적재하면 바퀴의 쏠림현상이 적어 연료절감에 훨씬 효과적이다.

에어컨을 사용할 때는 고단으로 시작해서 저단으로 변경하는 게 좋다. 또 스마트폰, 내비게이션, 지도, 인터넷, 교통방송 등 교통정보 매체를 적극 활용하고 최적의 경로를 선택해서 운전 시간 낭비를 최소화하자.

지난 100년간 우리나라는 평균 기온 1.5℃ 상승, 전 세계 평균 두 배로 오르는 등 기후변화가 심각해지고 있다. 사소하지만 작은 습관들이 모여 큰 변화를 만든다. 연료비 절약은 물론, 안전과 환경보호까지 할 수 있는 에코 드라이브, 오늘부터 실천해보자.

친환경 자동차 선택하기

🚗 운전할 때

　　환경을 생각하는 사회적 분위기와 각종 세제혜택으로 친환경 자동차에 많은 관심이 쏠리고 있다. 친환경 자동차는 크게 3가지로 나뉜다. 첫 번째가 하이브리드 자동차, 두 번째가 전기 자동차, 세 번째가 수소전기 자동차다.

하이브리드 자동차는 내연 엔진과 전기 자동차의 배터리 엔진을 동시에 탑재한 차량으로, 일반 차량에 비해 유해가스 배출량이 적고 연비를 획기적으로 줄일 수 있다. 자동차를 움직이는 주요 에너지는 화석연료(석유 등)로, 차량에 탑재된 고전압 배터리에 전원을 공급받고 에너지를 저장해놨다가 저속 주행 및 주행상태에 따라 엔진과 모터의 힘을 적절하게 제어해 사용하여 연비의 효율성을 높인다.

전기 자동차는 친환경차에 가장 걸맞은 차량이다. 오로지 전기 배터리로 구동이 되므로 내연기관이 없다. 오염물질 배출

081

이 적고 소음이 없으며 에너지 효율이 좋아 운행비용이 적게 든다. 다만, 가솔린 차량 대비 연료비가 높고 지정된 충전소에서 배터리를 충전한 후 주행해야 하기 때문에, 충전소가 없는 곳에서는 이용하는 데 불편함이 있다. 1회 완전 충전으로 최소 400~600km까지 주행 가능하다.

수소전기 자동차는 '이동하는 공기청정기'라고 불릴 만큼 친환경적 측면이 강한 자동차이다. 미세먼지가 심한 대한민국에서 최근 각광받고 있다. 내연기관이 없는 자동차로, 수소와 산소의 화학반응으로 전기에너지를 발생하여 구동한다. 자동차에 실을 수 있는 수소탱크 크기는 약 7~8kg, 주행거리는 700~800km로, 장거리 운전도 가능하지만 아직까지 충전소가 많지 않은 것이 단점이다.

각자 자신에게 맞는 친환경 자동차로 바꾸면 연간 이산화탄소를 0.7t 감축, 30년생 소나무 106그루를 심는 것과 같은 효과를 볼 수 있다(하이브리드 차 1대 보급 기준). 그리고 하이브리드 자동차는 공영주차장에서 주차비가 50% 감면된다.

유사연료 및 인증받지 않은 첨가제 등을 사용하면 차량이 훼손될 수 있고, 심한 오염물질 배출로 인해 환경뿐만 아니라 차량의 노후촉진, 안전에도 큰 위험이 될 수 있으므로 절대 사용하면 안 된다.

불필요한 캠핑 짐은 싣지 않기  캠핑할 때

　　아이들이 어릴 때 정말 캠핑을 많이 다녔다. 사내아이만 둘이다 보니 뛰어놀 공간이 필요했고, 작은아이가 워낙 아토피성 피부염이 심해서 공기가 좋은 산으로 들로 많이 쏘다녔다. 국립 휴양림이 예약을 받는 날이면 시간에 맞춰 인터넷을 켜고 정신없이 클릭을 했고, 당첨이라도 되면 뛸 듯이 기뻤다.

하지만 아이들 둘을 데리고 캠핑을 가는 것은 상상 이상으로 힘든 일이기도 했다. 뭐가 이렇게 준비할 게 많고 실을 짐이 많은지. 심지어 아이들도 가져가야 할 짐이 있었다. 그것도 산더미만큼. 장난감이나 레고 블록까지 짐에 넣겠다고 떼를 쓰는 아이들을 달래고 어르다 보면 캠핑을 가는 건지 뭘 하는 건지 정신이 반은 나가 있을 때가 많았다.

캠핑이라는 것이 야외에서 지내는 일이기 때문에 밤에 추울

082

텐데 하면서 담요 한 장 더, 냇가나 개울에서 놀다가 젖으면 어떡하나 하면서 여벌옷 하나 더, 하는 식으로 이것저것 넣다 보면 이삿짐을 방불케 한다. 이때 필요한 것이 바로, 결단력 이다!

그런 점에서 경험이 참 중요하다. 처음과 달리 지금은 캠핑 갈 때 짐이 단출하다. 꼭 필요한 짐만 준비한다. 불필요한 짐 은 경제적으로도 시간적으로도 낭비다. 차에 실으면 연료도 많이 들고, 나르는 데 힘도 들고, 그걸 싸느라 시간도 들고, 도착하기도 전에 지친다. 여러모로 이만한 낭비가 없다. 친환 경 캠핑을 위한 첫걸음, 바로 자동차에 불필요한 짐은 싣지 않기!

일회용품
절대 사용하지 않기 🏕️ 캠핑할 때

083

캠핑갈 때 내 철칙은 바로 '일회용품 절대 사용하지 않기'다. 아토피성 피부염과 알레르기성 비염이 있는 아이들이 자연 속에서 흙도 만지고, 냇가에서 물고기를 쫓아다니고, 날아다니는 잠자리를 잡겠다고 뛰어다니며, 건강하게 놀게 하겠다고 떠나는 캠핑 아닌가. 정말 공기 좋은 곳에서 며칠 지내다 보면 건강해진다. 숲속에 있으면 피부뿐만 아니라 잠잘 때 호흡도 좋아진다.

자연을 훼손시키지 않고 아이들이 마음껏 뛰어놀게 하는 것이 내가 할 수 있는 단 하나의 일이라고 생각했다. 그래서 절대 일회용품을 사용하지 않는다.

일회용품은 생산하는 과정에서 종이나 펄프, 플라스틱 등을 이용할 수밖에 없다. 종이나 펄프는 화학 마감처리를 할 수밖에 없고 플라스틱은 환경호르몬이 나온다. 그 환경호르몬은 다시 우리 몸에 쌓이고, 그렇게 몸에 쌓인 환경호르몬은 우리 피부를 망치며, 호흡기를 힘들게 한다. 심한 경우, 암이나 치매를 일으키기도 한다.

뿐만 아니라 일회용품을 사용하고 나면 무조건 쓰레기가 나오기 마련. 그 쓰레기가 우리 아이들이 뛰노는 자연을 뒤덮을 것 같은 불안감이 엄습한다. 설거지가 힘들더라도 자연을 훼손하는 것보다는 그 편이 낫다. 아이들이 살 지구가 쓰레기로 뒤덮이는 일, 상상만 해도 끔찍하지 않은가.

음식재료는
집에서
미리 손질해 가기 　캠핑할 때

084

음식을 하다 보면 재료 손질이 반이다. 누가 옆에서 재료를 깨끗이 다듬고 건네주기만 해도 요리는 식은 죽 먹기라고 생각할 정도. 재료를 다듬다 보면 의외로 쓰레기가 많이 나온다. 감자, 양파 등은 껍질이, 호박, 오이 등은 꼭지가.

예전에 누군가 산에서 오이를 먹고 꼭지를 버리며 이렇게 말했다. "이건 썩으니까 괜찮아." 그건 오산이다. 자연에서 오이 꼭지가 썩으려면 생각보다 많은 시간이 필요하다. 게다가 나 하나 버리는 것이 아니지 않은가. 이렇게 모인 쓰레기가 생각보다 꽤 많다.

집에서 미리 재료 손질을 해가면, 캠핑장에서 버릴 쓰레기가 크게 줄 뿐 아니라, 요리시간도 반의반으로 줄어든다. 포장도 미리 뜯어서 준비해 가면 좋다. 캠핑장에서는 물에 헹궈 넣기만 하면 될 정도로 준비해 가면 시간도 물도 많이 절약된다.

재료를 다듬느라 보내야 하는 시간에 색다른 경험을 해보자. 높디높은 하늘을 바라보고, 경쾌하게 지저귀는 새소리를 듣고, 시원한 바람이 얼굴을 간질이는 것을 느끼고, 폭신한 흙을 밟을 수도 있다. 여유라는 선물이 생기는 것. 식사 인원만큼만 요리하고, 먹고 남은 음식은 이웃 야영객과 나눠먹는 것도 좋다.

부득이하게 생긴
음식물쓰레기는
집에 가져가기 🏕 캠핑할 때

　　일본 대마도로 캠핑을 간 적이 있다. 장장 6시간을
남편과 교대로 운전하면서 부산항에 도착했고, 아침이 된 후
그리 크지 않은 페리에 올라탔다. 꽤 빠른 쾌속정이었다. 약
40분 정도 달렸을까. 드디어 대마도에 도착했다.

우리가 묵을 곳은 잔잔한 파도가 치는, 해안을 끼고 있는 캠
핑장이었다. 데크에 미리 텐트가 설치되어 있는 글램핑. 바닷
가에서 수영을 즐기는데, 군데군데 성게도 보였다. 어민들이
키우는 성게양식장이므로, 절대 잡아서는 안 된다는 경고문
구가 일본어와 함께 한국어로도 쓰여 있었다.

일행인 20명의 사람들이 이것저것 장을 봐와 캠핑장에서 음
식을 해 먹다 보니 음식물쓰레기가 안 나올 수가 없었다. 쓰
레기를 버리기 위해 쓰레기장으로 향했다. 타는 쓰레기와 타
지 않는 쓰레기로 나누어 버리게 되어 있었다. '그런데 도대

085

체 음식물쓰레기는 어디에 버려야 하지?' 고민을 한참 하는데, 한국어로 쓰인 안내문이 보였다. '음식물 쓰레기는 타는 쓰레기에 버리시오.'

최근 캠핑장 취사장에 음식물쓰레기 통을 아예 없애는 곳이 많아졌다. 음식물이라고 함부로 땅이나 숲에 버리면 안 된다. 처음부터 음식물쓰레기를 적게 만드는 게 먼저지만, 발생한다면 다시 집으로 가지고 와서 처리를 하는 것이 좋다.

특히 건더기를 먹고 남은 국물은 함부로 땅에 버리거나 계곡물에 흘려보내면 절대 안 된다. 음식물 속 염분이 풀, 나무, 계곡 속 민물고기와 수초를 죽이는 치명적인 원인이 되기 때문이다. 국물은 화장실 변기에 버려 처리하고, 남은 음식물쓰레기는 번거롭더라도 집으로 가져와서 버리자.

주변 자연환경 훼손하지 않기 🏕️ 캠핑할 때

086

캠핑을 하면 글램핑을 하지 않는 이상 대부분 가져온 텐트를 직접 쳐야 한다. 텐트를 쳐본 사람들은 알겠지만, 바람에 날아가지 않도록 잘 고정해야 한다. 이때 주변 나무에 피해를 주지 않게 조심해야 한다. 텐트 끈을 어린 나무에 고정하면 위험하기도 하지만, 나무가 상할 수 있다. 말뚝을 박을 때도 나무뿌리를 피해서 박는 것이 좋다. 또 해먹을 설치할 경우 나무 기둥이 남자 어른의 양팔로 감싸지지 않을 정도로 굵은 나무 기둥에 설치해야 안전하고, 나무에도 피해를 주지 않는다.

친환경 캠핑이란, 단지 자연을 아끼는 것이 아니라 옆에서 캠핑하는 다른 가족들도 보호하는 것을 말한다. 숲속 캠핑장은 매우 조용하기 때문에 작은 음악소리도 크게 들린다. 특히 밤에 음식을 만들고 술을 마시며 크게 소리 지르는 행동은 주변 캠핑족과 자연에 피해를 준다. 이른 아침이나 밤에는 조용히 이야기하고 큰소리가 나지 않게 하는 것이 기본적인 예의.

캠핑이 끝난 다음에는 다음 사람들을 위해 처음과 같은 상태로 주변을 정리해야 한다. 석화, 조개껍질, 갑각류 같이 뼈나 껍질이 남으면 집으로 가져와 처리하고, 풀밭이나 낙엽 아래 말뚝이나 캠핑장비, 소지품을 흘리지 않았는지 꼼꼼히 살필 것.

자나 깨나 불조심!
화재 예방  캠핑할 때

날이 따뜻해지는 봄이 되면, 대형 산불 소식이 연일 TV를 장식하곤 한다. 산에 한 번 불이 났다 하면 100ha 이상의 산림을 잿더미로 만들어버린다. 건조한 날씨에 강풍이라도 불면 걷잡을 수 없다. 2018년에는 축구장 164개에 해당하는 산림을 잿더미로 만든 큰 산불이 강원도 삼척에서 났다. 2019년 호주에서 조그맣게 시작된 산불은 2020년까지 이어져 6개월간 불길이 잡히지 않는 대형 산불로 번졌다. 수십 명의 소방대원들이 희생됐고, 수백 명의 이재민이 발생했으며, 호주의 상징 코알라는 떼죽음을 당했다. 현재 호주 산불은 서울 면적의 100배에 달하는 토지를 태워 최악의 재난으로 평가되고 있다.

산불의 원인은 대부분 사람들의 부주의에서 비롯된다. 산불로 피해 입은 산을 복원하는 데는 최소 40년, 길게는 100년

087

이라는 어마어마한 시간과 노력이 필요하다. 그러므로 산불이 발생하지 않도록 주의가 필요하다. 특히 산에 오를 때 라이터, 성냥, 버너와 같은 인화성 물질은 소지하지 않는 게 좋다. 산림 인접 지역에서 취사행위, 모닥불 피우는 행위, 영농 부산물 소각행위도 하면 안 된다.

캠핑장의 꽃이라고 부르는 바비큐 그릴 사용 후, 모깃불 등의 화기 사용 후, 꼭 불씨가 꺼졌는지 확인하자. 특히 다 쓴 부탄가스는 구멍을 뚫어 분리 배출해야 하며, 전기제품을 사용한 뒤에는 반드시 차단해야 한다. 작은 불씨라도 놓치지 않는 섬세함만이 산을 지킬 수 있다.

캠핑장에서 해가 넘어간 뒤 불빛이 없으면 정말 칠흑 같은 어둠이 찾아온다. 덕분에 도심에서는 볼 수 없는 별이 쏟아질 듯 하늘에서 빛난다. 하지만 이런 로맨틱한 분위기에도 배는 고프니 음식을 준비해야 한다. 이렇게 음식을 준비할 때 가장 필요한 게 조명이다. 재료가 보여야 음식도 만들지 않겠는가. 여기저기 조명을 밝게 켠 후, 음식을 준비하고 식사를 한다. 그런데 이렇게 우리가 무심코 사용하는 조명 불빛과 소음 때문에 야생동물들이 매우 힘들어한다고 한다.

국립공원관리공단에서 2010년부터 3년간 지리산에 CCTV를 설치하고 배설물, 먹이 등 야생동물의 흔적 관찰을 실시했다. 봄과 가을 건조기에 국립공원 산불예방을 위해 탐방객 출입을 통제했더니, 야생동물들이 훨씬 많이 활동했다는 조사 결과가 나왔다. 야생동물의 출현이 많은 것은 탐방객 출입이

불빛과 소음으로 야생동물 괴롭히지 않기 캠핑할 때

088

통제됨에 따라 위협요인이 감소되어 서식여건이 보다 안정화되기 때문인 것으로 분석됐다. 전문가들의 말에 따르면, 야생동물도 에너지 소모를 줄이기 위해 사람들이 다니는 완만하고 편한 탐방로를 주로 이용한다고 한다.

우리는 야생동물을 무서워하고 위협적이라고 생각하지만, 야생동물들에게는 인간이야말로 엄청난 위협요인이 된다. 숲속에서는 인간의 활동 자체가 민폐가 될 수 있는 것. 경치 좋고 맑은 곳에서 캠핑을 하기로 했다면, 원래 주인인 야생동물의 삶도 충분히 고려하자. 잠자리에 들기 전 불필요한 조명은 다 꺼야 한다. 무서워서 불빛이 있어야 하는 아이들이 있다면 밝기를 줄여서 사용하는 것이 최소한의 도리.

지구별을 사랑하는 방법

Think Up

전 세계가 이웃, 함께 동참해요!

재활용을 넘어서 새활용으로!

에코백

프라이탁 가방

파우치

089

버려지는 물건을 다시 사용하는 것을 재활용(리사이클링)이라고 한다면, 버려지는 물건에 새로운 가치를 창조해 제품을 재탄생시키는 것을 새활용(업사이클링 : 업그레이드와 리사이클링의 합성어)이라고 한다.

대부분의 행사에서 현수막은 행사가 끝난 다음 폐기처분 된다. 이 현수막을 이용해 에코백이나 파우치를 만드는 사람들이 있다. 가죽이나 코트를 구매하면 함께 받는 부직포 커버나 핸드백 등을 살 때 받는 더스트백, 양복을 포장해주는 슈트케이스 등을 이용해 에코백, 파우치 등을 만드는 사람들도 있다. 음식물쓰레기를 지렁이 먹이로 활용하고, 지렁이 배설물로 비료를 만드는 사람들도 있다. 이것이 모두 새활용이다.

공간 업사이클링이나 소품 업사이클링이 한국인에게는 친숙한 개념이 아니지만 외국에서는 새로운 소비 트렌드로 자리잡은 지 오래다. 1993년부터 트럭용 방수 천막이나 에어백, 자동차 안전벨트 등을 활용해서 가방을 만들고 있는 스위스 브랜드 프라이탁, 업사이클링으로 가구업계의 명품으로 떠오른 리바1920, 박스터 등이 대표적.

이런 활동은 자원이 지속적으로 선순환되므로, 폐기물을 다용도로 활용할 수 있다는 점에서 의미가 크다.

비치코밍beach combing이란, 해변을 빗질하듯 바다표류물이나 쓰레기를 주워 모으는 행위를 뜻한다. 다시 말해, 바닷가의 해양쓰레기를 치우는 환경정화 활동이다.

바다를 살리는 비치코밍

090

해변을 뜻하는 'beach'와 빗질을 의미하는 'combing'의 합성어로, 우리나라에서는 2012년 5월 제주한수풀 해녀학교에 다니던 이들이 바다 속에 들어가 해산물 대신 깡통이나 플라스틱 등을 주워 올린 게 출발점. 당시 6명이 모여 시작한 비치코밍은 최근 3천여 명이 참여하는 축제로 발전했고, 부산 등 다른 해안도시로도 퍼지고 있다. 이러한 활동은 해양쓰레기가 자연환경에 얼마나 나쁜 영향을 끼치고 있는지 생각하며, 자연의 소중함을 되새길 수 있게 한다.

제주의 경우 해양쓰레기 발생량이 연간 2만t에 달하는 것으로 추정된다. 대부분 다른 나라나 국내 뭍에서 버려져 제주로 밀려든 플라스틱이나 스티로폼 등이라고. 제주환경운동연합이 작년 여름 제주 구좌읍 해안에서 수거한 쓰레기들을 분석해보니, 쓰레기 2,474개 중 플라스틱류가 1,168개(47%), 어구용 스티로폼이 355개(14%)에 달했다고 한다. 생활쓰레기 외에도 부표나 밧줄 등 어업 폐기물도 많았다.

2015년 1만 4,475t, 2016년 1만 800t, 2017년 1만 4,062t의 해양쓰레기를 치웠던 제주도는 매년 쓰레기와의 전쟁을 치르고 있다. 오늘 내가 버린 쓰레기가 제주도, 혹은 다른 나라 어느 해변을 오염시킬 수도 있다. 전 세계 어느 바다를 가든 쓰레기가 보이면 줍고, 기회가 되면 비치코밍 운동에도 동참해보자.

세상을
깨끗하게 만드는
플로깅

091

　　2016년부터 스웨덴에서는 운동 트렌드의 하나로 플로깅plogging이 유행 중이다. 플로깅이란, 이삭줍기를 의미하는 스웨덴어 '플로카 웁plocka upp'과 영어 '조깅jogging'의 합성어로 달리기를 하면서 쓰레기를 줍는 행위를 말한다. 환경보호는 물론 건강에도 도움이 된다. 쓰레기를 줍는 동작이 대표적인 하체운동인 스쿼트나 런지 자세와 비슷하기 때문. 실제 일반적인 조깅에 비해 칼로리 소모가 더 큰 편.

플로깅을 처음 시작한 스웨덴의 에릭 알 스트룀은 사정 때문에 잠시 떠나 있던 스톡홀름에 2년 만에 돌아와 보니 길에 쓰레기가 너무 많아진 것이 안타까워 행동에 나서게 됐다고 한다. 이 운동은 현재 북유럽을 넘어 전 세계로 점차 퍼지고 있으며, 특히 젊은 층을 중심으로 하나의 트렌드로 자리 잡았다. 그들은 인스타그램이나 유튜브 같은 SNS를 통해 이 운동을 알리는 일에 앞장서고 있다.

우리나라에서도 2018년부터 조금씩 퍼지고 있는 추세. '줍깅(줍다 + 조깅)'이라고도 부르며. 지자체는 물론 대기업들도 관련 캠페인을 펼치는 중이다. 플로깅은 산, 해변, 강변, 공원 어디서나 가능하다. 자전거를 타면서도 할 수 있다. 수영을 하며 쓰레기를 줍는 스윔픽 캠페인도 생겼다고. 쓰레기 담을 봉지나 가방만 있다면 누구나 플로거plogger가 될 수 있다. 혼자가 어색하다면, SNS를 통해 모임이나 행사를 찾아보라.

착한 소비, 미닝아웃

자신의 신념이나 가치관 등을 소비생활을 통해 드러내는 것을 일컬어 '미닝아웃meaning out'이라고 한다. 사회공헌사업에 수익의 일부를 지출하거나, 동물실험을 하지 않는 친환경 제품을 소비하는 등 각자 지향하는 철학과 같은 기조 아래 생산되는 제품 및 서비스를 소비하는 태도를 말한다. 값이 다소 비싸더라도 신념에 맞는 제품을 사용하는 것이 바람직한 소비라 여기고, 저마다 착한 소비자가 되려는 노력을 기울이는 행동. 미닝아웃의 유행은 지구환경을 아끼고 보호하는 좋은 결과를 가져오므로, 일상에서 함께 실천해볼 수 있는 긍정적 소비문화 운동이다. 작은 변화만으로 실천할 수 있는 미닝아웃 한 가지를 소개한다.

카페에서 소비하는 일회용 컵과 빨대 못지않게 쉽게 버려지는 것이 종이로 된 컵 홀더와 캐리어다. 이 또한 환경오염의

092

한 요소다. 분해가 쉽고 연소되는 재질인 종이라 괜찮다 여기기 쉬운데, 손쉽게 많이 버려지기 때문에 환경에 악영향을 끼치는 대표적인 자원낭비 사례다. 음료를 담는 가방인 드링크백을 이용함으로써 이 문제를 해결해보자. 사용 뒤 쉽게 버리는 기존 캐리어보다는 불편하겠지만, 지구를 살리는 일이라고 생각하면 감수할 수 있는 불편이다.

받아온 컵 홀더와 캐리어를 다시 카페에 돌려주는 것도 하나의 방법이 될 것이다. 나는 사무실을 방문하는 방문객들이 근처에서 사들고 오는 커피나 음료의 컵 홀더와 캐리어를 잘 보관했다가 그 카페에 다시 돌려주곤 한다. 카페를 운영하는 분들에 따르면, 컵 홀더나 캐리어로 인한 경제적 지출이 꽤 크다고. 오염되는 경우도 거의 없으므로 언제든 재사용이 가능한 컵 홀더와 캐리어. 돌려주면 카페 사장님도 좋고, 우리는 환경을 보호할 수 있어 좋고, 일거양득이다.

일상 속
환경운동가 되기

       환경에 대한 소중함을 깨달은 사람들이 점점 많아지면서 환경운동가를 꿈꾸는 학생들도 많아지고 있다. 최근 청소년 진로교육을 다니면서 환경운동가가 되고 싶다고 말하는 학생들을 많이 만난다. 그러나 환경과 관련된 직업을 가진 사람이 모두 환경운동가는 아니다.

환경운동이라 함은 자연환경의 보호, 유해물질 사용의 금지, 생태계 보전, 생태주의 정책 실현 등을 목표로 하는 사회적 활동을 뜻한다. 이러한 활동을 하는 사람을 환경운동가라고 부른다. 그러므로 환경과 관련된 직업을 가진 사람이 아니더라도, 자연환경의 보호 등 사회적인 활동을 하는 사람들 역시 모두 환경운동가가 될 수 있다.

환경운동가는 나이와 종교, 성별, 직업을 떠나 누구나 될 수 있다. 가장 쉬운 방법은 나와 같은 생각을 가진 사람들을 만

나는 것이다. 대부분 환경단체는 환경보전에 뜻을 두고 있다.
다만 환경을 보전하는 방식이 조금씩 다를 뿐. 내가 참여하는
사단법인 에코살림의 경우 생활 속 유해물질로부터 안전한
환경 만들기에 관심이 있다. 생활용품 속 화학물질의 유해성
을 알리고 안전한 천연물질로 대체하는 교육을 진행한다. 폐
유를 수거하고 자연비누, 자연세제, 자연화장품 보급 및 교육
에 중점을 두고 있다.

환경문제 중 스스로 어느 분야에 관심이 있는지 먼저 생각해
보자. 그 목적에 맞는 단체를 찾아 후원하는 것도 환경운동의
시작. 후원과 함께 활동에도 직접 동참한다면 금상첨화다.

플라스틱 대체품 사용하기

현재 지구촌 곳곳에서 일회용 플라스틱 퇴출운동이 일어나고 있다. 미국 캘리포니아주는 2030년까지 일회용 플라스틱 제품을 퇴출하는 법안을 마련 중이고, 하와이주에서는 플라스틱 병과 빨대 등 모든 플라스틱 제품 사용을 금지하는 법안을 추진하고 있다. 워싱턴주, 플로리다주 등에서도 일회용 플라스틱 사용 금지에 동참하고 있다. 유럽은 유럽의회가 2021년부터 빨대, 면봉, 접시 등 10가지 일회용 플라스틱 제품 사용을 금지하는 법안을 가결했다.

전 세계적으로 환경보호에 대한 관심이 증가하면서 플라스틱 사용 규제가 확산되는 가운데, 한국에서도 일부 커피매장에서 종이로 된 빨대를 사용하기 시작했다. 하지만 종이로 빨대를 만들면 나무 펄프 사용이 늘게 된다. 또 다른 환경파괴에 대한 우려가 나오면서 다양한 재료로 빨대가 만들어지고 있는 추세. 예를 들어, 미역을 활용한 빨대, 쌀로 만든 빨대 등이 개발됐다. 플라스틱 대체품으로 옥수수전분을 이용한 식기와 이쑤시개 등도 출시됐다.

잘 썩지 않는 일반 비닐봉지와 달리 폐기 후 토양에 그대로 분해되는 생분해 비닐봉지 사용도 추천하고 싶다. 최근 대형 마트와 시장에서 비닐봉지 사용에 제한이 많은데, 장바구니 휴대가 불편하면 생분해 비닐봉지 이용을 실천함으로써 미닝아웃 대열에 합류하는 것도 좋겠다. 일반 비닐봉지는 분해되는 데에 500년 이상 걸리지만, 생분해 비닐봉지는 길어도 석 달 안팎으로 모두 분해되어 자연으로 돌아간다.

이렇듯 전 세계가 일회용 제품을 줄이기 위해 혈안이 되어 있다. 우리도 발맞추어 생분해가 뛰어난 플라스틱 대체품 사용에 동참하는 것은 어떨까.

상수도는 깨끗한 물, 하수도는 더러운 물이 흐르는 관을 말한다. 중수도는 이 사이에 있는 물, 즉 깨끗한 물과 더러운 물의 중간 물을 의미한다. 우리가 먹는 물, 식수는 당연히 1등급 원수로 만든 아주 깨끗한 수돗물이어야 한다. 하지만 화장실 변기의 물, 도시의 아스팔트 바닥을 청소하는 물, 공장에서 사용하는 공업용수까지 새 수돗물을 사용한다면 무척 아깝다.

서해안 고속도로를 따라 가다 보면 행담도 휴게소가 나오는데 이곳에서는 중수도 물을 사용하고 있다. 연한 노란색을 띠는 물로, 화장실 변기에 사용되며 화장실 곳곳에 중수도에 대한 설명도 잘 되어 있다. 이렇게 중수도는 화장실뿐 아니라, 청소용, 소방용, 에어컨 냉각용, 살수용, 연못이나 분수 등의 조경용 등 다양한 용도(잡용도)로 사용된다. 그래서 중수도를 다른 말로 잡용수라고도 한다.

생활폐수를 하수종말처리장을 통해 처리한 후 식수, 세숫물 등으로 이용되는 상수도 수돗물로 만들려면 하수처리 비용

중수도 사용하기

095

이 많이 든다. 반면 중수도의 경우 생활폐수가 중수처리시설을 통해 중수도 수돗물로 바뀌어 화장실 변기물, 청소용수 등으로 사용된다. 물이 부족한 21세기, 전 세계는 다양한 수자원 확보기술을 연구해 활용하고 있는데, 가장 효과적인 방법이 바로 물을 다시 사용하는 것이다. 미국은 1930년경 캘리포니아에서 생활하수를 농업용수로 사용하기 시작했고, 본격적으로 중수가 사용된 것은 1960년부터다.

우리나라는 1989년에 1일 처리용량 1,850t 규모의 중수도 시설을 설치했다. 정화된 중수는 호텔, 백화점, 놀이공원 등의 변기 세척수, 청소용수 등으로 이용된다. 2006년 기준, 총 204곳에 중수도 시설을 갖추고 있다. 가정집이 아니라 보통 대규모로 물이 필요한 곳이다. 대형빌딩, 공공기관의 사옥, 호텔, 공장 등. 전남 광양제철소의 경우 한 번 사용된 물의 98%를 다시 활용한다고 한다. 이렇게 중수도를 사용하는 곳이 늘수록 환경은 더 좋아진다.

청첩장부터 웨딩드레스까지, 에코웨딩

096

요즘은 종이로 된 청첩장을 받는 경우가 매우 드물다. 대부분 전자청첩장을 만들어 SNS나 문자로 보내준다. 에코웨딩이란, 환경을 생각하는 친환경 개념을 더해 스몰웨딩을 치르는 것으로, 전자청첩장 또한 그 방법 중 하나가 된다. 이렇게 한 번 쓰고 버려지는 것들을 최소화해서, 자연친화적인 결혼식을 올리는 사람들이 많아지고 있다.

종이청첩장, 웨딩드레스, 신랑이 입는 예복, 예식장을 빼곡히 장식하는 꽃, 하객을 위해 준비하는 음식까지, 이 모든 것들이 식이 끝난 다음 쓰레기가 된다. 그러다 보니 점점 더 에코웨딩에 대한 인식이 커지고 있다. 웨딩드레스를 빌려 입거나, 빌려 입을 때 생기는 드라이클리닝 비용과 대여비마저 줄이고자 친환경 소재로 웨딩드레스를 만들거나, 평상시에도 입을 수 있는 디자인의 드레스를 고르는 경우도 적지 않다.

제작과정에서 화학처리를 하지 않은 친환경 소재의 예복을 선택하기도 한다. 외국의 경우 결혼식에 하객들이 직접 소량의 음식을 들고 참여하는 포틀럭 파티를 열기도 하며, 식장을 금방 시들어버리는 꽃이 아닌 화분으로 장식하는 곳도 늘고 있다. 이런 노력들이 이산화탄소 배출량을 크게 줄인다. 한국환경산업기술원의 자료에 따르면 일반 결혼식을 통해 발생하는 이산화탄소 배출량이 부부 한 쌍당 44.7kg에 이른다고 한다.

에코웨딩은 예식을 준비하는 당사자들이 쓰레기 감소를 염두에 두고, 하나하나 일반적 틀을 벗어나 변화를 준다는 점이 특히 매력적이다. 하객들에게 나누어 줄 답례품 또한 친환경 제품을 선택한다. 피로연에서 일회용품보다는 재사용이 가능한 식기를 사용하고, 음식물쓰레기가 남지 않도록 인원수를 정확히 계산해서 계획을 세운다. 결혼식에 참석한 하객들도 자신이 먹은 음식물이 남지 않도록 먹을 만큼만 가져오고, 자가용보다 대중교통을 이용한다면, 에코웨딩을 준비한 당사자들 못지않게 멋진 하객이 되지 않을까 싶다.

나무 심기

광릉 근처에서 강연이 있던 날, 강연을 마치고 광릉에 위치한 국립수목원을 찾았다. 가을이 한껏 깊어진 날이라, 나무들이 푸르름을 벗고 제각각 색을 뽐내고 있었다. 단풍이 잘 든 나무는 봄꽃보다 아름답다고 했던가. 겨울을 맞이하려는 나무들의 자태가 봄의 싱그러움과는 달리 오색 찬연했다. 맑은 공기 덕분인지 머리도 맑아졌다. 숨도 깊게 마시고 내쉬면서 한 바퀴를 돌았다. 문득 우리에게 아낌없이 내어주는 이 숲이, 이 나무들이 무척 고마웠다.

도시에 조성된 숲과 공원은 그 도시를 아름답게 만들 뿐 아니라, 깨끗한 대기환경을 만들어주어 건강한 생활을 영위할 수 있게 한다. 느티나무 한 그루가 1년 동안 배출하는 산소는 1.8t으로, 성인 7명이 1년간 마시는 양과 동일하다. 플라타너스 나무 한 그루가 하루 평균 흡수하는 대기열은 664kcal로

097

에어컨 5대를 5시간 동안 가동시키는 효과와 동일하다.

메마른 도시에 조성된 나무숲은 도시의 온도와 습도를 조절한다. 이산화탄소를 흡수하고 다량의 산소를 배출시켜 대기를 정화한다. 그뿐 아니라 싱그럽고 푸른 나무는 그저 바라보기만 해도 스트레스를 완화시켜주는 효과가 있다. 이렇듯 나무는 존재 자체로 우리를 살리는, 선물이다.

정부에서 대기질 정화를 위해 많은 정책방안을 제시하고 있다. 그러나 대기환경이 한순간에 쉽게 좋아질 수는 없다. 내가 마시고 호흡하는 공기가 하루 빨리 좋아지길 바라는 마음으로, '100개 숲 만들기' 같은 나무 심기 행사에 참여해 나무 한 그루 심어보는 것은 어떨까.

체온이 1℃만 떨어져도 면역력이 급격하게 감소한다. 특히 겨울철과 환절기에는 온도변화가 커서 체온조절을 위해 우리 몸은 힘이 많이 든다. 면역력은 우리가 각종 질환과 싸우기 위해 꼭 필요한 것으로, 면역력이 강하면 병원균에 노출돼도 영향을 덜 받는다.

로컬푸드 먹기

098

반대로 면역력이 떨어지면 감기에 자주 걸리거나 눈이나 입에 염증이 생긴다. 면역력을 지키려면 일단 제철 과일과 채소를 많이 먹자.

로컬푸드local food란, 소비자가 거주하는 지역에서 생산한 농산물을 의미한다. 물리적 거리 기준은 판매시장으로부터 반경 10마일(16km)부터 하루 안에 운전해 갈 수 있는 거리까지 다양하다. 우리나라에서는 대략 같은 시군(혹은 도)에서 생산된 농산물로 정의한다.

1990년대 초 유럽에서 믿을 수 있고 안전한 식품을 원하는 소비자와 지역의 지속적인 농업발전을 꾀하는 생산자의 이해가 만나면서 시작됐다. 이후 미국과 일본을 포함한 세계 각국에서 로컬푸드에 대한 관심이 증대됐다. 우리나라는 2008년에 전라북도 완주군에서 로컬푸드 운동이 본격적으로 진행됐고, 이후 각 지역별로 다양한 운동이 확산되고 있다.

로컬푸드 운동은 지역 농산물을 소비함으로써 농산물에 대한 지역 내 자급자족이 강화되고, 지역경제가 활성화되며, 소비자는 보다 신선한 농산물을 소비할 수 있어 좋다. 물론 농산물이 멀리 떨어져 있는 소비지로 운송되면서 발생하는 대기오염이나 기름 등의 자원낭비를 줄이는 환경운동의 성격도 있다.

생태관광에 도전하기

생태관광, 즉 에코투어eco tour란, '생태학ecology'과 '관광tour'의 합성어로 개발되지 않은 상태의 자연경관을 즐기는 자연관광과 지역사회가 관광으로부터 정당한 이익을 얻도록 하는 공정여행을 합친 것을 의미한다. 먹고 마시며 즐기는 관광에서 벗어나, 생태교육과 해설을 통해 참여자가 환경에 대한 소중함을 느끼는 여행을 말한다.

생태관광은 대규모 단체관광으로 인해 자연이 훼손되고 오염되는 것을 막고, 지역사회와 주민에게 관광으로부터 얻은 이익을 환원하는 것, 나아가 지역주민의 삶의 질을 향상시키는 것에 관심이 있다. 여기에 자연을 만지고 체험하며, 교과서와 책을 넘어 오감五感으로 느끼는 생태교육 또한 이루어진다. 단순히 자연경관을 즐기는 관광에서 한 발짝 더 나아가는 여행이라고 할 수 있겠다.

099

생태와 경관이 어우러져 환경의 소중함을 느낄 수 있는 생태관광, 훼손되지 않은 자연 그대로의 경관을 즐기고, 살아 있는 생태계를 잘 보전함으로써, 가장 아름다운 자연을 만날 수 있는 이 여행을 추천한다.

생태관광을 위한 약속 6가지

하나. 자연을 사랑하고 아끼는 마음으로 여행 준비하기.

둘. 지역 특산품, 주민이 운영하는 숙박 및 식사 이용하기.

셋. 자연과 시설물 깨끗하게 사용하기.

넷. 큰소리 내지 않기.

다섯. 애완동물은 가능한 한 데려오지 않기.

여섯. 느린 발걸음으로 여유 즐기기.

'지구의 시간, 어스아워', 지구촌 전등 끄기

100

'지구의 시간, 어스아워Earth hour'는 매년 3월 마지막 주 토요일, '지구를 위한 한 시간 Earth hour, 지구촌 전등 끄기'라는 이름으로 진행되는 글로벌 캠페인이다. 저녁 8시 30분에서 9시 30분까지, 60분 동안 전등을 끄는 행사다. 이 캠페인은 2007년 호주 시드니에서 시작했는데, 매년 전 세계로 급속히 확산되면서 그 규모가 계속 커지고 있다. 2012년에는 152개국, 7,001개 도시에서 수십억 명의 사람들이 참여해 어스아워가 세계 최대 글로벌 환경보호 캠페인임을 다시 한 번 확인시켰다.

우리나라는 지난 2009년부터 이 캠페인에 참여해왔다. 2012년에는 전국에서 천만 명 이상의 사람들이 참여했을 것으로 집계된다. 중앙 정부기관과 공공기관, 공동주택뿐만 아니라, 민간기업들도 1시간 동안 소등하는 어스아워 캠페인에 적극 참여했다.

불이 꺼지지 않는 화려한 도시 서울, 서울 시민들이 한 시간 동안 소등한다면 23억 원의 전기를 절감하는 효과가 있다. 2012년 어스아워 캠페인으로 전국 공공건물에서만 약 4,128,000kwh의 전력저감 효과를 가져왔다고 한다. 이는 어린 소나무 629,640그루를 심는 것과 마찬가지이며, 온실가스 1,749t의 감축효과도 가져온다.

1년에 한 번, 한 시간 동안 전등이나 전기 사용하지 않기! 쉽지는 않지만 세계 곳곳에서 환경을 지키기 위해, 그리고 지구를 잠깐이나마 편히 쉴 수 있게 하려고, 많은 사람들이 참여하고 있다. 한 시간 소등으로 우리가 얻는 것은 실로 어마어마하다. 전력저감과 온실가스 감축은 물론, 환경의 소중함과 더불어 환경을 쉽게 지킬 수 있다는 것을 많은 사람들에게 인지시켜주는 착한 캠페인이다. 8,760시간 중에 단 한 시간, 지구를 위해 하는 지구촌 전등 끄기, 어스아워에 올해는 모두 참여해보자.

'지구의 시간, 어스아워', 지구촌 전등 끄기

지구를 살리는
에코살림
TIP

💡 친환경 커피세제 만들기

재료 : 원두커피 찌꺼기 말린 것 60g, 식용유 1kg, EM유화수 400g

도구 : 전자저울, 스테인리스 용기, 핸드블렌더, 시약스푼, 밀폐용기

1. 식용유 1kg을 준비한다.
2. EM유화수 400g을 준비한다.
3. 식용유에 EM유화수를 넣어준다.
4. 핸드블렌더를 이용해서 걸쭉해질 때까지 섞는다.
5. 원두커피 찌꺼기 말린 것을 넣어서 잘 섞는다.
6. 밀폐용기에 넣어서 굳힌다.
7. 제조일로부터 2주가 지나면 사용한다.

💡 친환경 세탁세제 만들기

빨래할 때 베이킹소다와 과탄산소다를 4:1(스푼)로 섞고 주방세제를 1스푼 가량 넣으면 웬만한 묵은 때나 누런 때는 모두 깨끗하게 지울 수 있다.

💡 냉장고 청소용 친환경 귤소주세제 만들기

1. 무농약, 친환경 귤을 까서 먹고 난 뒤 귤껍질을 준비한다.

2. 소주 한 컵에 귤껍질 반컵을 넣는다.

3. 6시간 뒤 소주를 따라낸다.

4. 귤냄새가 물씬 나는 친환경 귤소주세제 완성.

5. 귤소주세제를 행주에 묻혀서 냉장고 구석구석 닦아주면 된다.

💡 에어컨 필터 청소용 레몬알콜 만들기

약국에서 파는 소독용 에탄올 100ml에 레몬아로마오일 10방울을 넣어서 에어컨 필터를 닦는다. 또는 에탄올 100ml에 레몬껍질, 라임껍질 1~2개 분량을 넣은 후 하루 정도 두면 껍질의 살균 성분이 우러나오는데, 이를 이용해서 닦아도 좋다.

💡 빨래를 더 희고, 선명하게 만드는 법

빨래를 잘하는 비결은 세제의 양을 늘리는 것이 아니라 헹굼과 탈수를 잘하는 것! 실제로 2개의 세탁기에 같은 양의 빨랫감과 세제를 넣은 후, 각각 헹굼과 탈수를 추가해 실험을 해본 결과, 탈수를 추가한 세탁기에 불순물이 더 많이 빠져나왔다. 탈수할 때 세게 돌아가는 원심력에 의해 세제 찌꺼기나 먼지가 떨어져나와 빨래가 더 깨끗하게 된다.

💡 니트 친환경 세탁하는 법

세숫대야에 미지근한 물을 담고 중성세제(주방세제)와 식초를 2:1 비율로 넣는다. 얼룩이 있는 니트를 소쿠리에 담은 뒤 대야에 넣어 5분 정도 담가둔다. 그리고 물살로 치듯 좌우로 흔들어준다. 이렇게 하면 때가 잘 빠지고 니트도 상하지 않는다. 옷감의 손상을 최소화하면서 세탁하는 방법.

2~3번 헹군 후, 세탁이 다 되면 긴 수건으로 돌돌 말아 꽉 눌러주며 물기를 제거한다. 니트는 비틀어서 물기를 짜면 옷감이 손상된다. 수건을 깔고, 그 위에 니트를 올리고 돌돌 말아주는 게 좋다. 그리고 꾹꾹 눌러 짜면 옷감 손상이나 변형 없이 탈수가 가능하다. 그리고 소쿠리 위에 펼쳐 건조하면 된다.

💡 친환경 냉장고 정리법

1. 식자재는 소비할 만큼만 구입한다.

2. 불투명 용기에 음식을 담았다면 따로 이름표를 만들어 붙인다.

3. 유통기한이 임박한 식자재는 냉장고 앞쪽에 두어 빨리 소비한다.

4. 과일과 채소는 한 번씩 상태를 확인한다.

5. 각종 소스는 유통기한을 잘 파악해둔다.

6. 장을 볼 땐 냉장고를 확인하고 필요한 식재료만 산다.

7. 기한 내에 먹지 못할 만큼 식자재가 많이 남아 있다면 이웃이나 친구와 나눈다.

8. 냉장고는 일주일에 한 번씩 정리하여 재료 상태를 파악한다.

💡 친환경 김치통 냄새 제거법

1. 김치통을 중성세제를 이용해서 깨끗하게 세척한다.

2. 김치통에 설탕과 물을 1:3 비율로 넣고 뚜껑을 덮는다.

3. 오래 놔둘수록 냄새제거에 효과적, 몇 시간 후 뒤집는다.

＊실제로 냄새는 김치통보다 뚜껑에서 더 많이 난다. 그러므로 꼭 뒤집어야 한다. 뒤집을 때 물이 새어 나올 수 있으므로 받침을 두어야 한다. 얼룩도 반나절 설탕물에 담가두면 제거된다.

지구별을 사랑하는 방법 100

초판 1쇄 발행   2020년 4월 22일
초판 4쇄 발행   2022년 4월 22일

지은이   김나나
일러스트   오혜영

펴낸이   한선화
편집   이미아
디자인   design group ALL
홍보   김혜진
마케팅   김수진

펴낸곳   앤의서재
출판등록   제2018-000344호
주소   서울 마포구 월드컵북로 400 5층 21호
전화   070-8670-0900
팩스   02-6280-0895
이메일   annesstudyroom@naver.com
인스타그램 @annes.library
블로그   blog.naver.com/annesstudyroom

ISBN   979-11-90710-01-5 03300